U0902265

# 张岂之教授论学书信选

陈战峰　夏绍熙　编

江苏人民出版社

**图书在版编目(CIP)数据**

张岂之教授论学书信选 / 陈战峰,夏绍熙编. --南京:江苏人民出版社,2017.10

ISBN 978-7-214-21076-0

Ⅰ.①张… Ⅱ.①陈… Ⅲ.①研究生教育-文集 Ⅳ.①G643-53

中国版本图书馆 CIP 数据核字(2017)第 172424 号

| 书　　名 | 张岂之教授论学书信选 |
|---|---|
| 著　　者 | 陈战峰　夏绍熙 |
| 责任编辑 | 卞清波 |
| 装帧设计 | 刘葶葶 |
| 出版发行 | 江苏人民出版社 |
| 出版社地址 | 南京市湖南路 1 号 A 楼,邮编:210009 |
| 出版社网址 | http://www.jspph.com |
| 照　　排 | 江苏凤凰制版有限公司 |
| 印　　刷 | 江苏凤凰通达印刷有限公司 |
| 开　　本 | 890 毫米×1240 毫米　1/32 |
| 印　　张 | 11.25　插页 11 |
| 字　　数 | 268 千字 |
| 版　　次 | 2017 年 10 月第 1 版　2017 年 10 月第 1 次印刷 |
| 标准书号 | ISBN 978-7-214-21076-0 |
| 定　　价 | 56.00 元 |

张岂之教授(2007 年)

1993 年 10 月在北京师范大学白寿彝先生(左一)寓所向白先生请教

1998 年向费孝通先生(右一)请教

1999 年向季羡林先生(左二)请教

2002 年在“纪念侯外庐先生百年诞辰学术研讨会”上
向任继愈先生（右一）请教

1985 年在京都大学与著名学者岛田虔次先生（前排左三）
探讨中国宋明理学对日本学术影响后摄影

1990 年在西安举办老子学术研讨会期间，与侯外庐先生的弟子们合影
左起：步近智、何兆武、林英、张岂之、祝瑞开、卢钟锋

1998 年 12 月在香港中文大学与中华炎黄文化研究会的同志们合影
左起：鲁谆、冯征、张岂之、王才

1996 年在福建师范大学作学术讲演

1998 年 12 月在香港中文大学举办的“21 世纪与中华文化”
国际学术研讨会上进行小结发言

1998 年 4 月在吉林大学历史系讲学期间与张文显教授(右)合影

2008 年 4 月在“纪念人文初祖黄帝，建设民族精神家园”学术研讨会发言

2013 年 4 月在“清明·弘扬民族优秀文化与培育社会主义核心价值观”学术研讨会上发言

1998 年参加中国社会科学院、清华大学历史学博士学位论文答辩会

2000 年参加中国人民大学清史研究所博士学位论文答辩会

2000 年参加西北大学数学史博士学位论文答辩会

1997 年西北大学中国思想文化研究所硕士学位论文答辩会
左起：任大援、吴炫静（韩国）、张岂之、方光华

2005 年 6 月西北大学中国思想文化研究所博士学位论文答辩会合影
前排左起：黄留珠、龚杰、赵馥洁、张岂之、刘学智、张茂泽、李浩、方光华、陈国庆、谢阳举
后排左起：陈战峰、周淑萍、潘俊杰、朱丹琼、车冬梅、赵璐、宁国梁、赵万峰、曾加、程远、刘欢、李海波、王雪

1997 年 5 月在绍兴兰亭留影，左起：李进才、张岂之、冯铿

1999 年 5 月在重庆南开中学宿舍旧址前留影

1999 年 5 月在重庆南开中学张伯苓校长塑像前留影

2006 年 5 月在西安植物园留影

1997 年在广州与广东社会科学院研究生座谈

1997 年 10 月与西北大学中国思想文化研究所的同志们在一起

1997 年 10 月与西北大学中国思想文化研究所的同志们在一起

1997 年 10 月与西北大学中国思想文化研究所的同志们在一起

1999 年 5 月在重庆大学马寅初先生像前合影
左三为 1983 级硕士研究生李禹阶，时任重庆师范学院副院长

20 世纪 90 年代与研究所师生研讨学术问题
左起：张茂泽、方光华、张岂之、刘宝才、谢阳举、何炳武

2006 年 5 月给西北大学研究生做学术报告

2006 年 5 月给西北大学中国思想文化研究所师生作学术报告

2011 年 4 月 21 日张岂之教授（左三）、何兆武教授（左四）、杨振宁教授（左五）做客清华大学时代论坛

2006 年 5 月师生游览西安植物园时合影

左起：郑熊、李江辉、陈战峰、方光华、张岂之、王欣瑞、陈荣庆、付粉鸽、宋玉波

# 目　录

前言　（一、二）　张岂之 / 001

## 指导研究生信函选录

致王光照 / 003
（一封）

致所内各位年轻同志 / 005
（二封）

致方光华 / 010
（四封）

致张茂泽 / 023
（三封，附《中国现代学术思想史论集·序》）

致张茂泽、陈战峰 / 035
（一封）

致武占江 / 038
（六封）

致欧阳军喜 / 049
（一封）

致赵旗 / 051
（二封）

致张晓虎 / 054
（二封，附《周代宗教思想的演进·序》）

致彭国兴 / 060
（一封）

致刘固盛 / 062
（一封）

致江心力 / 064
（四封，附《二十世纪前期的荀学研究·序》）

致周益锋 / 076
（一封）

致王长坤 / 078
（一封）

致周溯源 / 080
（三封）

致周淑萍 / 088
（一封）

致宋玉波 / 093
（一封）

致宁国良 / 094
（一封）

致潘俊杰 / 096
（一封）

致王雪 / 098
（一封）

致陈战峰 / 103
（五封）

致张瑞雪 / 114
（二封）

致王宝峰 / 120
（一封）

致沈秀芳 / 123
（一封）

致李桂民 / 126
（二封）

致肖建原 / 128
（一封）

致张勇 / 130
（一封）

致陈战峰、宋玉波 / 135
（一封）

致陈战峰、宋玉波、夏绍熙 / 137
（一封）

致陈战峰、郑熊 / 138
（三封）

致李友广 / 142
（一封）

致兰梁斌 / 144
（二封）

致张俊杰 / 148
（一封）

致李君 / 150
（二封）

致陈鑫 / 153
（二封）

致雷蕾 / 155
（一封）

致柴永昌 / 156
（一封）

致袁志伟 / 158
（一封）

致韩永志 / 160
（一封）

致梁红仙 / 162
（一封）

致张晓琼 / 163
（一封）

致朱军 / 165
（一封）

致刘宗镐 / 167
（一封）

致张丽萍 / 169
（一封）

致申冰冰 / 170
（一封）

致周后燕 / 171
（一封）

致苗彦恺 / 172
（一封）

致代超 / 174
（一封）

致陈典平 / 175
（二封）

致魏厚宾 / 178
（一封）

## 致学者部分信函


致邱汉生先生 / 183
(二封)

致卢钟锋、黄宣民、樊克政同志 / 189
(一封)

致黄宣民同志 / 191
(二十九封)

致黄宣民、卢钟锋同志 / 229
(十一封)

致卢钟锋同志 / 243
(一封)

致黄宣民、卢钟锋、步近智同志 / 245
(二封)

致瞿林东同志 / 248
(一封)

致杜运辉同志 / 249
(二封)


## 研究生管理与教育建议信函选录


致任大援 / 255
(一封)

致龚杰、刘宝才 / 256
(一封)

致刘宝才、谢阳举 / 258
(一封)

致方光华、谢阳举 / 260
(二封)

致方光华、张茂泽 / 264
(一封)

致方光华 / 266
(二封)

致谢阳举 / 270
(八封,附《谈"学术生命"》《关于中华人文精神的25种名著(篇)》)

致张茂泽、谢阳举、方光华 / 290
(一封)

致谢阳举、方光华、陈战峰 / 294
(一封)

致西北大学研究生处 / 295
(一封)

## 附录　论研究生培养


博士生培养的三个方面 / 299

人文学科博士研究生的学术负担不宜过重 / 306

博士生导师的学术责任 / 310

简议人文学术与个性 / 319

我理解的人文教育观 / 326

关于教育改革的几点思考 / 346

编后记 ······ 陈战峰　夏绍熙 / 350

# 前　言

张岂之

## 一

西北大学中国思想文化研究所的几位同志（方光华、谢阳举、张茂泽、陈战峰）搜集了我和博士生论学的部分书信稿，加以整理，印刷出来，在小范围内交流，我对他们表示感谢。这些信也唤起了我的回忆，在今天还有些话要说一说。

当初我写这些信，没有想过可能印刷出来，部分地公之于众，只是在读了博士生的论文后有些感想，通过书信的方式自然地传达到对方，希望这些对他们修改论文有些用途。书信这种方式，用来谈学术问题，是再合适不过的了。可以谈得自由，无拘无束，而且易于引起收信人的注意。对于收信人还有一种作用，就是亲近感，有助于对问题的思考和交流。

在网络通讯发达的今天，用写信的方式（真正地用手去写字）是否还有用途？其他方面我不敢说，但在师友之间论学时，采用手书的方式，不但需要，而且应当加以提倡，这样会更加人性化、情感化、理性化；信笺上的字是一笔一画写出的，贯注了写信人的思想感情，见其信如见其人。如果所见只是千篇一律的印刷体方块字，这对于公事来说，十分适用，对于学术方面的自由交谈就未必合适。研究人文学科的学人，不但需要驾驭网络通讯，这对搜集、整理资料和修改论文，提供了极其便捷的条件。但是，不能设想，一个人文学者只会用电脑，以至不能用笔去写字，不能在自己的书信中享受与学友交流的快乐。正是出于这样的理由,我同意将我的部分信函印出来在朋友间交流。

2007.3.25

二

从我国改革开放三十多年的历史中可以看到,我国进入新的历史时期,并取得重大成就,这是从两个基本点上起步的。一个是农村生产力的解放与发展,再一个是科研生产力的解放与极大的提升。我国学位制度的建设反映了科研生产力发展的内在要求,它同时也是科研生产力得以不断提升的学术保证。在这个伟大的变革发展的时代,我有幸在我国学位制度建立初期便开始参加培养硕士生和博士生的工作。

博士生导师不是行政级别,也不是行政职务的代名词,而应当是真正的学术研究者。保持博士生导师的本色,就要坚持学术研究的标准。

我培养硕士生、博士生,除去面对面地进行学术交流外,我还通过书信的方式和他们商讨学术问题,一旦把想法写成文字,无论如何比口头交流要完整些,深入些。因而我时常通过书信的形式与硕士生、博士生进行学术交流。当时我没有想到要公开发表,因而不去过多地"咬文嚼字"。2009 年陕西省学位委员会、陕西省教育厅召开关于研究生创新教育工作会议,把我给研究生写的信选出一部分作为会议的参考资料。我没有想到这样的资料会有许多读者加以鼓励。2014 年,这些书信资料搜集得更多一些,由陈战峰、夏绍熙两同志加以整理,编辑成册,希望我能同意将此公开出版。我犹豫了半载之久,终于同意他们的建议。由于是书信,不拘泥于文字,读起来比较易于理解，这固然是一个优点，但也许这也是缺点，可能在学术的严谨性上有所不足。这是要请读者朋友们加以注意的，欢迎得到大家的指正。

2016.7.21

# 指导研究生信函选录

## 致王光照

王光照[①]同志：

毕业论文《唐代佛教寺院壁画》，已粗看一遍。总的印象觉得不错，此文更多地从美术史角度论述，但也兼顾到社会史。是下了功夫的。

我因为不是专门研究此问题的，提不出十分内行的意见，但有些想法提出来作为参考亦未尝不可。

1. 第一章第四节关于隋代佛寺及其壁画这一节请再斟酌，论述上是否完全恰当？请你仔细把这一节推敲一下。关于此节请你再向我校历史系考古专业段浩然老师请教。

2. 第二章第二节(a)与(b)，我觉得在概括上似乎有不少地方不太准确，不举例了。这两小节，即(a)与(b)，请你通过美育教研室(在操场附近体育楼内)梁文亮同志介绍你到美院，找一长期教美术史的老师请教一下。

3. 第三章的(c)“若干技巧的发展”，似有漏洞。此(c)节请你与葛承雍同志商量，一起推敲。

4. 第四章(a)之(乙)释仪像中的时代烙印与人间社会，写得

① 现为中国科技大学人文学院教授。时在西北大学中国思想文化研究所攻读硕士学位，学位论文题目是《唐代佛教寺院壁画》。

太浅，而此节十分重要。你的论述似乎采取了一种过于直接（或叫做简单）的办法，使人看了觉得说服力并不强。此节——即(a)之（乙），请你与葛承雍再商量。

5. 第四章(b)我觉得问题不少，未讲清楚。此(b)亦请你与葛承雍商量，提出修改意见。

6. 第五章(a)缺少外文资料，因此在资料方面显得不够丰富。如何补救？

以上六个问题请你核对与人商量后，觉得有哪些地方要改，请给我开个单子。

另，徐、张老师所提指导意见亦应仔细思考。

总之，你的这篇论文是下了功夫的，有意义的。为了弄得更好些，我还要挑一些刺。有些“刺”我不明说，请你自己去找，这样会更好一些。

敬礼

张岂之

1987年4月2日

## / 致所内各位年轻同志 /

第一封

所内各位年轻同志①：

今年北方的夏季漫长而炎热，给人的生活和工作带来不便。地球每天都在绕着太阳转，季节不会停步不前。俗话："兔子尾巴长不了。"凉爽的秋季总会来的。看电视，西安近来每天37℃，居高不下，为全国之冠。首都每天34℃—35℃，也居高不下，而且闷热。这种情况，暑假内要做成一些事那就很难了。

开学以后，按所里安排，你们又该进入正常的工作轨道了。教学是应当有的，今年下半年的职称评定，没有一定的工作量恐怕不行。科研，除去你们自己写点什么以外，"中国现代思想学术论集"的题目也请抓紧，原订计划两年完成，时间是很紧的。真正从学术思想来探讨中国近现代思想的书，目前还不多。我们所应当加强这方面的研究。有了高质量的书稿，总是可以出版的。关于张东荪，没有重印他的书；不写张东荪也可以。在写稿的时候，请注意应有必要的材料摘要，在分析阐述方面，注意文字，使人能看懂，哪怕讲的道理很深，但

① 当时西北大学中国思想文化研究所的几位年轻同志主要有方光华博士、谢阳举博士、张茂泽博士、梁涛博士等。

文字必须使人看懂，不能给人留下"不知所云"的印象。请你们翻翻胡适的书，哪怕是考据性的，文字也是清楚的。我们这部书[①]力争今年年内大体上有个眉目，明年上半年举行一次讨论，下半年再作修改定稿，争取早点出来。字数多些无妨，因为这不是通俗作品，而是深层次的研究之作，反映西北大学中国思想文化研究所的整体实力。一个博士点，一个重点学科点的实力（学术实力），是不能马虎的。务请按每位的分工情况来进行工作。

当然，大部头的学术著作是非要不可的，但普及性的小书也是要的，不过，你们暂时可不必写普及性的，因为奠定你们学术基础的，首先要从专题研究，写大书开始。到将来，深入浅出，为青年们写点小书。给青年写小书颇不易，和写大书完全两样。小书要舍得"割爱"，因为字数有限，写得长，人家不愿看，也不能随便发挥，以免字数膨胀，但讲的道理仍然要清楚明白，谈不上创见，但要准确。近些年我在想如何给青年们介绍一些关于中国思想文化史的知识，想变换一种写法，试验了一下，写出一本《中华人文精神》[②]，出版后请小方送你们每人一本，是普及性的、知识性的。

现在搞文、史、哲基础文科的，和理工科相比，前者是小草，后者是参天大树。清代张维屏[③]有一首颂小草的诗：

---

① 即后来正式出版的张岂之主编，张茂泽、侯且岸、方光华著《中国现代思想学术论集》，陕西人民出版社2003年版。

② 张岂之著《中华人文精神》，西北大学出版社1997年版。

③ 张维屏（1780—1859），字子树，号南山，又号松心子，晚号珠海老渔，清代著名爱国诗人。

沧桑易使乾坤老，风月难消千古愁。

多情唯有此春草，年年新绿满芳洲。

小草还是有用的。以此共勉，祝进步。

张岂之

1997.8.26 闷热

## 第二封

小方、小谢、茂泽同志：

我有一个小小的建议，在时间允许的条件下，请你们多关注现实社会问题，要研究。我国古来学术讲求经世致用，当然不必那么实用，但一个学者如果不为民说真话，说实话，不了解现实情况，那是不好的。因此，还是要看点报纸，重要的文件，要做些研究。胸中有全局，有自己的心得体会，这样做学问才会有时代感。昨天我收看温家宝总理回答记者提问的新闻直播，觉得很不错，他提的"黄宗羲定律"是清华大学秦晖教授研究中国历史上的农民问题归纳出来的。清初黄宗羲认为，每次为农民减税所带来的却是税额的增加，这为什么？黄宗羲作了分析。

这些年我和教育界朋友在一起聊天，经常谈到中国农民对中国革命贡献最大，改革开放以来，在 20 世纪 90 年代初农民得到好处，但 90 年代末至今，农民生活困难者不少，并不是一切都那么美好……我们生活在最基层，我们生活无虞，但我们所见农民工和城市下岗工人，生活过得并不理想。作为学者，应当关心这些问题。虽然有专业的不同，但社会的普遍性问题还是要关心的。学者要成为社会的良心、良知，就必须要关注社会现实问题。

即祝

进步

张岂之

2003.3.18

## 致方光华

第一封

方光华[①]同志：

我客居北师大，除办学校事外，还读了你写的硕士论文提要《论佛学对中国本体学说的发展》，总的印象是：你读了不少有关方面的书，对有关佛典也有所涉猎，并且作了一些思考。这个题目是很好的，但还有一些问题需要再思考：

1. 究竟什么是中国的本体学说？中国早期本体论的归纳是否贴切？与欧洲希腊比较起来，中国早期本体论究竟有什么特色？在希腊，柏拉图提出理念世界与现象世界之对立，而认为理念世界是真实的，是本原，这是最完整的欧洲哲学上的本体说。中国早期儒学中的三位代表人物，孔子基本上没有本体学说，荀子亦不足；孟子亦不完整，如果说有个始端，那可称之为“道德本体”说。儒家本体之完整学说见于《中庸》一书。《中庸》所论的本体，乃是道德本体。如果说早期儒学有本体学说的话，名之曰“道德本体论”比较合适，但这需要论证；而论证的环节还相当复杂。你写的第一个题目是不成熟的，需重新改写，而且要深入发掘《中庸》一书的本体观。

① 现为西北大学中国思想文化研究所教授、博士生导师，西安市副市长，时在研究所攻读硕士学位，学位论文题目为《论佛学对中国本体学说的发展》。

2. 中国玄学在本体学说上有贡献，它明确提出本体即“玄”，即“道”。它把道家《老子》、儒家《周易》的本体学说发展了，将它们结合起来提高了。玄学本体论区别于早期儒家的本体论，可称之为“自然本体论”。这需要论证。

3. 佛学对中国哲学本体学说有很大贡献，这个贡献是逐步深化的。空宗对道家“自然本体论”有所批评，对儒家道德本体论持否定态度。空宗的贡献在于论证了本体的抽象性、包容性，向理论化的本体论迈进了一步。这一点你提纲中写得不够，也不足，缺少分析。

4. 法性宗的贡献更大，它不同于“道德本体论”，不同于“自然本体论”，它论证本体的抽象性和包容性，认为最大最高的抽象和包容就是心性。这种本体已具备与《中庸》相接的若干因素(环节)，可称之为“心性本体论”。它影响了宋明理学。理学在本体论的论证方面给我们留下了宝贵的理论思维资料。你的提纲对“心性本体论”的基本要点勾勒不足，需加强；对一些佛典的释义，有些未从本体论角度讲，则要校正。

5. 法相宗对中国本体学说的贡献在于融合。就是“道德本体”说、“自然本体”说与“心性本体”说之融合，可称之为“融合本体论”。如何融合，在哪些环节上融合；融合所形成的特色等等，你提纲中缺少论证。王夫之本体论实际是“融合本体论”的代表。这一部分你还要继续研究。

6. 中国近代本体学说，只写熊十力先生一家可能不够，近代的本体论，有代表性的有这么几家：

①“心性本体论”，梁漱溟、贺麟先生为代表，今台湾也有学者。

② 朱子“理学本体论”，冯友兰“贞元六书”……

③ 熊十力先生“本心本体论”（可以这么称）。

④“理念世界本体论”，陈康先生为代表。陈先生是柏拉图研究专家。

所有这些本体论都有缺点，都有哲学上难以解决的问题。

马克思主义哲学不谈本体，而谈世界的本原、本质，谈世界的变化发展，对社会对自然均强调实践，但很难称之为“实践本体论”。要用马克思主义哲学作一个总结。

从你整个提纲来看，你读了不少书，特别是佛学书，这是好的，但逻辑归纳与理论思维有不足，原因是你对西方哲学，对数理逻辑，对马克思主义理论还要再下功夫。

我希望你根据我上面所谈的思路，对你的提纲进行修改，逐步写成初稿。你先想一想。提纲稿，我返校时带回。

这封信请你给麻天祥、赵瑞民同志一阅。

祝好

张岂之

1989.12.14

于北师大专家楼一楼

1

方光华同学：

我去年在北师大，除由答辩之外，还读了你写的硕士论文提要《论佛学对中国本体学说的影响》，总的印象是：你读了有关方面不少的书，对有关佛典也有所涉猎，并且作了一些思考。这个题目是很好的，但还有一些问题需要再思考：

1. 究竟什么是中国的本体学说？中国早期本体论的归纳是否准确？同西洋哲学比较起来，中国早期本体论究竟有什么特色？如希腊，柏拉图提出理念世界与现象世界之对立，而认为理念世界是真实的，是本原，这是最完整的西洋哲学上的本体论。中国早期儒学中的三位代表人物，孔子基本上没有本体学说，荀子亦不足；孟子亦不完整，只是说有个始端，那可称之为道德本体论。儒家本体论之完整学说乃《中庸》一书。《中庸》方始论到本体，乃是道德本体论。早期儒家有本体学说之端，称之为道德本体论比较合适，但还需要论证。而这种论述还相当的复杂。你写的第一个题目是很不成熟的，需要改写，而且要深入探讨《中庸》一书的本体观。

2. 中国玄学在本体学说上有贡献，它明确提出本体即"玄"、即"道"。它把道家《老子》、儒家《周易》的本体学说发展了，~~概括了，可称之为~~结合起来概括了。玄学本体论区别于早期儒家的本体论，可称之为自然本体论。也需要论证。

3，佛学对中国哲学本体学说有巨大贡献，这个贡献就是使其深化了。空宗对道家自然本体论有所批判，对儒家道德本体论持否定态度。空宗的贡献在于论证了本体的抽象性、包容性，而理论化的本体论还差了一步。这一点你提纲中写的不够，也不透，缺少分析。

4，性宗的贡献更大，它不同于道德本体论，不同于自然本体论，也论证本体的抽象性和包容性，认为最大最多的抽象和包容就是心性。这种本体已是前面《中庸》提出的若干因素（环节）。可称之为心性本体论。影响了宋明理学。理学在本体论的论证方面给我们留下了宝贵的理论思维资料，可称之为心性本体论。你的提纲对心性本体论的基本要点分析不足，要加强；对一些佛学之经义，有些未从本体论角度讲，则要补正。

5，相宗对中国本体学说之贡献在于融合。把道德本体论、~~[illegible]~~、自然本体论和心性本体论之融合，可称之为融合本体论。如何融合，在哪些环节之有融合；融合的要成为新的形态，你提纲中的缺少论证。此外更大之本体论实际是融合本体论之代表。光有相当结实是不够的。这一部分你还要继续研究。

6. 中国近代本体学说，先要照熊十力先生一样是不行的，近代的本体论，有代表性的有这么几家

① 心性本体论，梁漱溟、熊十力先生为代表，还有台湾也有人

② 程朱理学本体论，冯友兰先生为代表，…

③ 熊先生"本心本体论"(可以这么称)

→有柏拉图理念论

④ 理念世界本体论，陈康先生为代表。陈先生

以上这些本体论都有缺点，都有待于我们去解决。

现代西方哲学不讲本体，而讲世界的本原、本质，讲世界的变化发展，对我们对社会均有用实践，但我们综合为实践本体论。要用马克思主义哲学作为一个结论。

从你整个提纲来看，你读了不少书，特别是佛学书，这

4页

是的，但是掌握归纳出理论还是有缺陷，原因是你对马列著作没有下过功夫，对形式逻辑，对历史主义理论下的功夫不足，理论思维能力不足。

我希望你根据我上面所谈的思路，对你的提纲进行修改，写得更加细致些。你先思考一下。修改提纲后，我再和你商量。

这封信请你给唐天鹏同志一阅。

此致

敬礼

张岂之

一九八九，十二，十四

于北师大学招一楼

第二封

光华[1]：

《佛学与中国本体论思想史稿》，如果改得更好一些，是很有意义的。现在我大体翻阅后的印象是：

1. 对西方本体论的说明似乎还不足。西方哲学的本体论有她的特点，需要提炼出来。关于中国的本体论，需要查一下，特别是佛教传入中国后是否有这样的词或具有相同意义的词？或者中国近现代学者对此有无解释？而且应有对西方本体论与中国本体论异同的比较。我觉得《绪论》对上述问题的讨论还不是很清晰。

2. 中国早期本体论的阐述，缺少一个东西，就是“社会”。中国哲学是这样，不是那样，为什么是这样？为什么中国古代思维路径是如此，不是如彼？在“社会”上是否会有一些新说？中国早期本体论是否与巫术有些关系？

3. 秦汉文化思潮及其本体论架构，问题似乎比较多。董仲舒的天人合一本体论，没有说明其思想渊源。无论怎么说，董仲舒的天人合一论和原始社会的巫术可能有关。五行说与巫术也有

① 当时留所工作，正在对《论佛学对中国本体学说的发展》进行补充完善，该书稿后题名为《中国古代本体思想史稿》，中国社会科学出版社2005年出版。

关系。关于董仲舒的论述过于一般。秦汉本体论学说的理论特点与社会作用的讨论深度也不够。

4. 第三章:玄、佛学与秦汉本体论的解体。这一章在分别叙述玄学、佛学的某些内容的时候,如何集中到“本体论”上,最好作些联结、加工,不忘主题。

5. 第四章很重要。这一章同样有一个不足,就是从思想史角度来叙述,还是没有紧扣到本体论上来。佛教各个宗派本体论的异同,似乎缺少说明。

6. 佛学与儒学的本体论如何融合? 也缺少说明。是否忽略了一些重要的思想家?

7. 宋明理学从佛学的本体论中吸取了什么? 似缺少明确的分析说明。

8. 船山哲学,是儒、道、佛的全面总结,在本体论、认识论和价值论上都有严密的理论体系。

9. 近代只写熊十力先生,不够,冯友兰先生对本体论有他自己的贡献。还有金岳霖先生。《熊十力全集》刚出版,可参看武汉大学郭齐勇他们编的。

总之,全稿宜紧紧围绕本体论来写,有些地方需进行理论概括,叙述到一定时候必须概括。

客人太多,就写到这里。

张岂之

2001.9.5

第三封

光华[1]：

关于近代学术史(史学卷)及你的博士论文事，昨天信中已谈过。

从鸦片战争到1949年百余年间中国近代学术的发展历程，大致经历了学术精神的反思与学术主体意识的确立、学术革命口号的提出与新史学的初步建设，以及三种典型学术体系的形成这样三个阶段，你从这个角度去写，是可以的。

另外，论文基本框架分史学哲学论、史学方法论、史学成果论三个部分，也是可行的。请按谈的内容去丰富、补充。

学术史不同于思想史，亦不同于文化史。我的浅见是：一部学术史，需包含学术思想与学术成果的价值判断这两个主要的方面，缺一不可。学术史绝对不是政治史，虽然一定时期的政治对于那个时代的学术产生影响，但是政治毕竟不同于学术，二者不能划等号。而且学术史不能淹没于政治史之中。但是在学术史中又需要从客观上说明政治对于学术的影响。学术思想包含对于学术的看法，学术的地位与作用，学术的方法论等等。从观点

① 时在研究所攻读博士学位，学位论文题目为《中国近代史学学术史论》。

到方法形成一个整体，才能称得上学术思想，或学术理论；在史学范围内，称之为“历史哲学”亦未尝不可。除此，尚需有学术成果，而且要对这些成果进行分析解剖，阐明它们在学术史上的地位和作用。

博士论文需突出写好一章，即马克思主义史学与近代史学的联系与创新。如果能在“联系”(继承性)上作出令人信服的论证，则是一大劳绩。因为若干年来人们只是强调马克思主义史学与近代史学的“本质区别”，仿佛马克思主义史学是凭空产生的。“联系”需要加以论证，需要作出“证据十足”的说明。最后还需指出，在相当长的一段时间里，把近代史学中若干优秀的方面丢弃的现象，也是有的。但这是不对的。

张岂之

1992.9.4

第四封

光华：

关于论文的第三编《史学成果论：近代关于中外历史和历史地理学的研究》，我又看了一遍，用铅笔作了记号。总的印象是：这一编还要作些修改。

1. 关于先秦史、秦汉史……的研究，提了不少书名，材料是丰富的。但是，这些著作的出现，在学术史上占有什么地位，有什么意义，有些地方写得还不是很清楚，也就是说，分析尚有不足，有点“书目提要”的味道。从“书目提要”走向“史学学术史”，需要加强分析，特别是理论分析。没有“理论分析”，就书说书，那只是“提要”。这方面是否还要再作些修改、提高？

2. 有些有时代意义的作品（史学论著），不可能不受时代的影响，而“写作缘起”如何著述，如何论述？这个问题似乎需要再想一想。

3. 有些书目在不同的地方不止一次地提到，如魏源的《海国图志》等。如何避免重复？需要考虑。

4. 叙述上似乎平铺直叙较多，缺少重点。例如第443页关于学术史著作，提到梁启超的《清代学术概论》、《中国近三百年学术史》……正好叙述他对于“学术史”的看法，似乎缺少，短短一段即告结束，就转到太炎《訄书》上去了。而《訄书》的划时代意义尚未点出来。为何作《訄书》？太炎先生自己有说明。这不完全是学术著作，这和太炎的反清革命思想有关。

总之，在“学术史”书稿中如何处理“成果”，这是值得研究的问题。对于主要“成果”的论述要“全”，不要有遗漏，这基本上做到了。除“全”之外，还要有重点，对重点加强分析，这一点似乎没有完全做到。“全”与“重”结合得好，就可以避免“书目提要”之缺陷。

张岂之

1993.2.18

## / 致张茂泽 /

第一封

茂泽[①]同志：

你的来信收到了。

关于逻辑方面的书，不一定读很多，读多了反而无用。读一两本形式逻辑方面的书是需要的。逻辑思维的训练，主要要读西方哲学史原著，最好是中、英文对照来读，比如斯宾诺莎的《伦理学》(Ethics)，黑格尔《哲学史讲演录》，笛卡儿(Descartes)《第一哲学沉思集》等。逻辑思维的训练，还要靠自己读书时有意识地注意这个问题。数理逻辑，没有机会学那就算了。

毛泽东写的关于军事的著作，特别是《中国革命战争的战略问题》、《论持久战》，逻辑严密，可以细读。

总之，逻辑思维的训练要靠平时多加注意，而不在于读逻辑教科书。逻辑教科书往往写得呆板、公式化，很难引起人们兴趣。

我于今年1月10日从北京返回西安以后，基本上闭户不出，集中时间和精力修改一部书稿，是关于中国传统文化的。现已定稿[②]。

---

① 即张茂泽同志，现为西北大学中国思想文化研究所教授、博士生导师，时在研究所攻读博士学位，博士论文题目为《贺麟学术思想述论》，陕西人民出版社2001年版。

② 即《中国传统文化》，高等教育出版社1994年版。

春节期间来客不断，也得适应。从3月起，我要关门坐在家中写作，要做我自己的工作。

此祝

进步

张岂之

1994.2.13

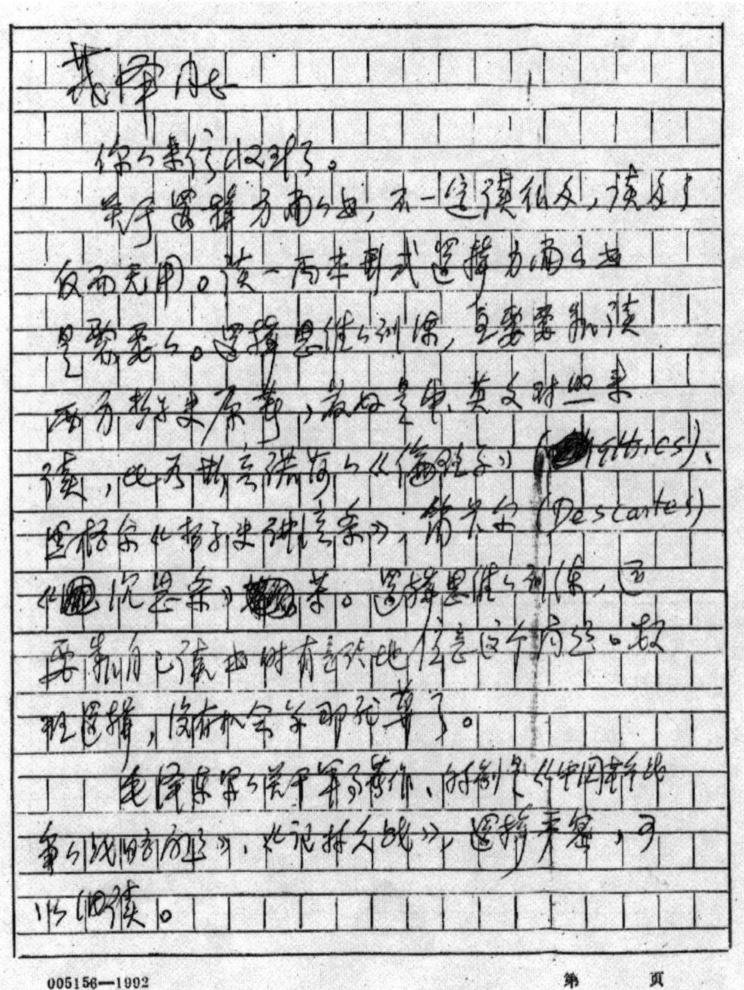

[illegible]峰同志：

你的来信收到了。

关于逻辑方面的书，不一定读很多，读多了反而无用。读一两本形式逻辑方面的书是必要的。逻辑思维的训练，主要要靠读西方哲学史原著，最好是中、英文对照来读，比如亚里士多德的《伦理学》(Ethics)、黑格尔《哲学史讲演录》、笛卡尔(Descartes)《沉思录》等。逻辑思维的训练，还要靠自己读书时有意识地注意这个问题。数理逻辑，没有机会学那种东西了。

毛泽东军事著作，特别是《中国革命战争的战略问题》、《论持久战》，逻辑严密，可以细读。

005156—1992　　第　页

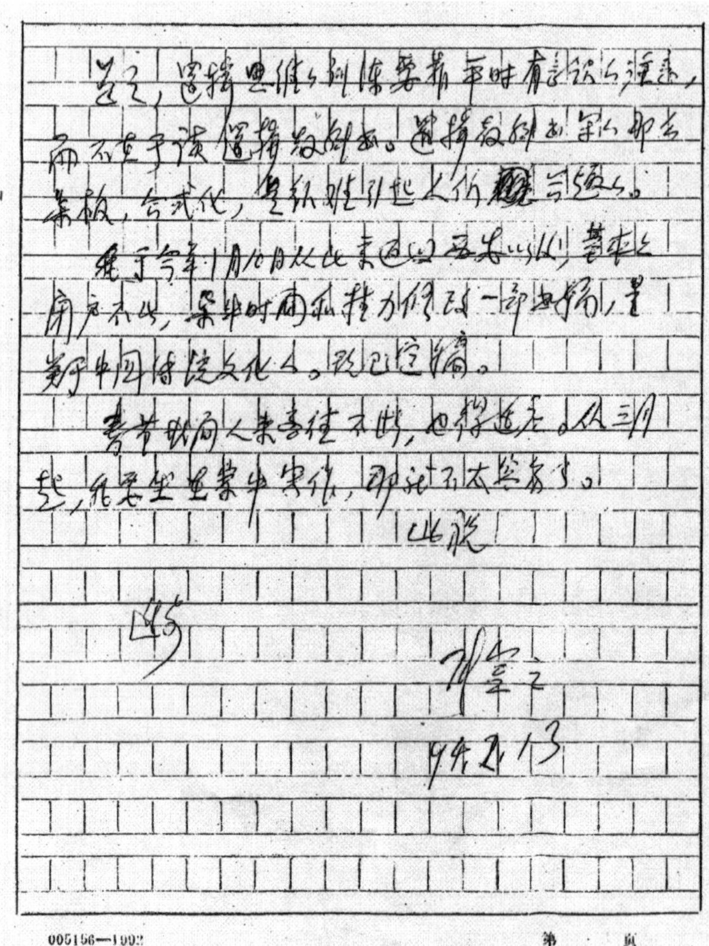

岂之，逻辑思维训练要靠平时有意识地注意，而不在于读逻辑教科书。逻辑教科书写得那么呆板，公式化，是很难引起人们的兴趣的。

我于今年1月10日从北京回到[illegible]以后，基本上闭户不出，集中时间和精力修改一部旧稿，是关于中国传统文化的，现已定稿。

春节期间人来客往不断，也得适应。从三月起，我要坐在家中写作，那就不太忙了。

此祝

近好

[illegible]

94.2.13

005156—1993　　第　页

第二封

茂泽同志：

你3月12日来函已收到。我同意你的意见，博士论文题目改为《贺麟先生的学术及其思想》，材料不难找。要写出贺先生学术思想的发展，请你开始这个课题的搜集资料工作。在北大读书时，我曾选读贺先生课程，得益不少。我指导你写这个题目，对我也比较方便。

学术的事大，个人生活的事小，你能排除纷扰，安心向学，这很好。情绪调整好以后，全力搞学术研究，你肯定会做好这方面的工作。

你寒假期间从四川给我的信，先后都已收到。

此祝

进步

张岂之

1995.3.17

第三封

茂泽[1]：

《冯友兰改造宋明理学述评》，从总体上看，是写得不错的，而且有新意，文字也清通。文章稍有不足是对于冯先生方法论的论述，究竟受西方哪些学派的影响？这一点，如果可能，希望能做一些补充。此文的结语（P59），我觉得也是公允的。

《金岳霖逻辑哲学述评》，是用了力气的，但和胡伟希教授关于新实在论的分析相比，又差了一些，可否参考胡著，再作些补充？但是需要加注，说明有哪些论点是出自胡氏的书。分析哲学在中国现代影响如何？这一篇如何再增加一些关于对金先生思想有影响的西方哲学（含方法论）的内容，这篇论文是一篇很好的论文。P114关于金氏的总结性评论是好的、公正的。

《贺麟文化哲学述评》，这一篇也不错。在中国现代学术史中，真正将西方哲学（若干流派的方法论）与中国哲学（主要是理学与阳明学方法论）结合起来，形成有系统的文化哲学理论者，当属哲学史家贺麟先生。贺先生是最早提出中国传统文化现代化的学人之一，而且他不仅在理论上这么做，在研究实践上也这么

① 时为西北大学中国思想文化研究所教授，正在进行张先生主持的国家社科基金项目“中国现代学术思想史”课题部分内容的研究。

做了。贺先生文化哲学，在现有的稿子基础上尚可作一些补充：1. 方法论；2. 生平写得不够，请补；3. 贺先生对斯宾诺莎深有研究，曾译斯氏《致知篇》，这方面内容也可以说一说；4. 贺先生在中、西学融合方面做出了很大贡献，尚需作进一步研究。

综述上论，冯先生述评，毋须大动，适当补充一点（见前论即可）；金先生述评，参照胡伟希教授专著，再适当补充；关于贺先生述评，可以适当多补充一些。

再加上小方的一篇《侯外庐中国思想史研究述评》，共四篇，也有二十多万字，近三十万字，可以形成一本较有特色的书。

另，请小谢写一篇：西方分析哲学和现象学述评，作为附录。(2 万—3 万字)

关于王国维、陈寅恪，研究者甚多，成果也甚多，可以没有这方面的内容。小方所写关于外庐先生，展开写，对王、陈可以适当多提一些。

此书定稿时间在今年的 8 月，8 月底送出版社。

张岂之

2003. 2. 18

附：

## 《中国现代学术思想史论集》序

张岂之

1998年由我牵头以《中国现代学术思想研究》为题，申请国家社会科学基金。当这个课题正式列入社科基金项目以后，我和几位年轻的博士即进入课题的正式研究。原先我估计这个课题进行三年有可能结题，因为参加此课题的同行们事先都写过有关这方面的论文。可是事实并非如此。当学术界对人文社科的研究提出更高的要求，而我们面对如此重大的课题，是不可能在短时间内完成的。因为我们面对的是现代学术思想史的研究，它不同于政治思想研究，也不同于一般社会思想史的研究，而要深入到学术思想中去，进而提炼其中的真知灼见，提到方法论高度加以归纳叙述，这就不是一件简单的事，需要在比较安静的环境中边学习边研究，试着提炼学术思想的特殊规律和一般规律。应当承认，我们在高校工作，有许多优越的研究条件，但是“安静环境”却迟迟不能来临，举例来说，青年教师的填表（填写各种表格）工作纷至沓来，而且规定每年都必须要有公开发表的论著，否则就进不了应有的“岗位”，得不到应有的“报酬”。而一个较大较难的研究课题，没有若干年的潜心研究，很难拿出应有的成果。面对遇到的各种问题，我作为这个课题的牵头人解决不了上述矛盾，因此不能在规定的时间内拿出成果来，结题的工作不得不一拖再拖，直到2002年夏季我们才以《中国现代学术思想史论集》作为成果，申请结题。

现在献给读者的不是一部完整的《中国现代学术思想史》，而是一本“论集”。《论集》中的人物选择是作了再三思考的。20世纪中国学术思想与教育家、思想家蔡元培是分不开的，他的“兼容并包”思想，经过长时间的实践检验，可以认作是中国传统学术向现代学术转型的思想理论基础；丰硕的人文社会科学成果的出现，生动地表明“兼容并包”作为人文社会科学创造力的源泉，一点也不过分，将蔡先生作为中国现代学术思想的开创者之一，是符合实际的。尽管这本论集关于蔡先生学术思想的分析尚有不足，比如，他的教育思想受到西方哪些影响，又如何与中国国情相结合，尚缺乏全面的分析。

还要提到，李大钊是作为中国共产党的创始者之一而为人们所熟知，但他在学术思想上的贡献则鲜为人知，这本论集在这方面作了一些尝试性的分析，供读者参考。

对现代学术思想史影响很大而且有多方面学术贡献的陈独秀、胡适，为什么在《论集》中不见其名？这是因为我们还没有来得及做。学术界对他们的研究成果已有很多，其中有些很有深度，且具新见。在这种情况下，我们如果要做关于陈独秀、胡适学术思想的研究，在某些点上稍稍深化一些，没有若干年的潜心研究，那是很难达到的。一本《论集》，并不需要十分完整，尽管不完整也是缺点，这只有在未来的岁月里加以补正。

《论集》着重论述冯友兰、金岳霖和贺麟先生的学术思想，因为他们在20世纪中国学术史上有过重要贡献，而对他们进行研究的论著，对我们有许多启发，同时觉得有进一步研究的必要。关于冯友兰先生，其学术思想中的一个关键问题就是他与宋明理学的关系，换言之，宋明理学的现代化问题是他毕生关注的大问题；在此问题上他做出很大贡献，但也留下一些值得继续研究的方面。因此，关于冯友兰先生学术思想的研究，这本《论集》只是着重探讨他对宋明理学的分析和改造。还有金岳霖逻辑哲学，若干年来出版了一些研究性著作，但仔细推敲起来，在全面性上尚有值得提高、商榷之处，而关于逻辑形而上学诸问题尚缺少有深度的论述，在这些方面有一些课题可以作长期的研究。关于金先生逻辑哲学的研究，首先要准确地理解其主要内容，然后才谈得上评述。这就不能只是停留在通俗化层面上，亟需要有学术提高性的研究。既然是提高性、专门性，那就不是一般的通俗读物。为了学术繁荣，人文社会科学在一些专门性的问题上作提高式的研究，即使读者不多，书的销售有限，还是很有必要的。在提高的指导下普及，这样，我国人文社会科学才能不断向高峰迈进。

还要提到，贺麟先生的文化哲学，新中国建立后，学界很少有专门的研究，而准确地估量其学术意义，十分罕见。一种学术观点，一种研究方法，一种学术体系之提出，是要经过时间的考验的，在短期内很难辨别其真伪得失。经过十几年的检验，可以得出这样的结论：贺麟先生的文化哲学作为他理想中的中西文化融合模式，不失为学术和文化上的一种创见，今天充分估计它的学术价值，正是时候。

基于以上的想法，《中国现代学术思想史论集》着重研究了冯友兰、金岳霖和贺麟先生的学术思想及其学术贡献。

这本《论集》还收有《侯外庐与中国思想史研究》，这不是偶然的。侯外庐先生是知名的马克思主义史学家，他对马克思、恩格斯的著作深有研究，以马克思主义作为方法论来研究中国思想史，有两个开创性贡献或特点：一个是社会史与思想史相结合的方法；再一个是注重发掘中国社会和中国思想的特点，不套用西方的模式。在这两点上充分表现了侯外庐先生在 20 世纪中国学术史上的贡献。白寿彝先生曾经作过这样的评价，他说："40 年代，马克思主义史学著作出版了很多，史学界的几大家都已出来，并有不同的著作，不同的贡献，但有一点外老是突出的，这就是，他研究中国历史是想把马克思主义史学理论中国化，也可以说把马克思史学理论民族化。这一点很重要。别的马克思主义史学著作宣传了马克思主义的理论，也试图把马克思主义理论同中国历史结合起来，但是把中国历史特点指出来，这在外庐同志是最突出的。"(《外庐同志的学术成就》)要对这一点进行全面论证，并不简单，只就中国思想史研究而言，侯外庐先生如何在思想学术史范围内确定研究的对象、基本内容及其研究方法论，并将其论点提炼出来，进行纵横比较，从而判断其学术贡献，需要用较长时间进行冷静的研究，才能有所得。当前，关于中国思想史研究有各种学术见解，但大多停留在宏观的理论层面上，通过具体的研究成果来展示关于中国思想史的全貌，以侯外庐先生的著作最为完整。正因为如此，这本《论集》对外庐先生关于中国思想学说史的研究，力求进行较完备的概括。

通过以上的说明，读者朋友可以看到，这本《中国现代学术思想史论集》并不完整，但从另外一方面看，这是一本带着问题、在研究基础上写成的书，其中或许有一些论点会引起读者的兴趣，或者作为学术讨论的资料，这些是我们希望能够达到的。

我没有参加《中国现代学术思想史论集》的写作，但我是这部书稿最早的读者；在看稿中不可避免地会有一些不拘形式的学术讨论。这样，我作为《中国现代学术思想研究》书稿的读者，多少尽了自己的一点责任。但真正的评价者是读者朋友，这本书稿的执笔者要我在序里提一下，他们等待着读者朋友的批评指正。

2003 年 8 月 5 日

于西安西北大学新村

## /致张茂泽、陈战峰/

茂泽、战峰：

《中国传统文化经典要义》[①]稿尚需作进一步修改，还未达到公开出版物的水平。

我建议再用两个月的时间定稿。请特别关注一下若干问题。

1.“传统文化经典”，不能包括近人对传统文化的研究与阐释，而且不宜降低“经典”的标准。康有为、谭嗣同、梁启超、章太炎、孙中山先生著述都不是“传统文化经典”，他们的著作最多一百多年，未经历史的长久检验，不能称之为“传统文化经典”。我在《中华人文精神》一书中列出他们的著作，但拙作的名字是“人文精神”，用的名词是“人文精神的载体”，并不是“中国传统文化经典”。我对《五经》特别注意，认为“它们是古代人文精神最初最重要的著作”。我列的25种书，名为“中华人文精神的25种名著(篇)”，名著可以包括近代学人的著作，但不可称之为“中国传统文化经典”。

2.“中国传统文化经典”，请补司马光、戴震、章学诚、阮元著作，只谈《史记》不够，也要介绍班固的《汉书》，名“《史记》与《汉

① 张岂之主编，张茂泽、陈战峰副主编《中国传统文化经典要义》，西安：太白文艺出版社2015年版。

书》”。《汉书》中的纪、表、志、传意义重大。史书经典还应包括北宋司马光的《资治通鉴》，其编年体使中国历史的记载更加全面深入。

3. 介绍王守仁著作时，请上溯到宋代的陆九渊，史称“陆王”；在介绍朱熹著作时，请上溯到二程，特别是程颐，史称“程朱”。他们的著作都是“中国传统文化的经典”。十三经中的《孝经》，最好有所论述，放在什么地方进行请考虑。

4.《序》太长，需改写，使之符合“中国传统文化经典”的内容，不要列举过去我主编的几本书。

今天写的《序》，大体上3000字足够了，写的太长读者没有耐心看。写得活泼一些，说明为什么今天还要介绍“中国传统文化经典”。这些经典产生和直接发挥思想文化作用的时代已经过去，但这些经典有助于我们了解中华民族是如何走到今天的，具有重要的哺育人们心灵的作用。一个民族不能忘记它的历史和文化，而这些恰恰就是民族精神得到传承和发展的原因。中华民族的伟大复兴，其动力之一就是传统文化经典中所反映的关于民族精神的积淀和阐释。

5.《中国传统文化经典要义》，这是书的全名，其中“要义”如何写？要求从传统文化的经典中提炼出做人的要义(理念)、做事的要义(理念)，总之要提炼出价值观的理念(即精神)。如果“要义”提炼不出，只是从版本学和目录学的角度去写，这不是我们的初衷。我们要宣传的理念(精神支柱)，在中国传统文化经典中有所表述，我们今天把这些提炼出来，加以阐述，针对我们现实生活中的一些缺陷，正面倡导我们的价值观、道德观，使这本书具有思想内涵，这是值得注意的事。当然，在写法上不必举现实的例子，但心里应有现实的依据。这本书不容易写,需付出很大的精力和心血。我读了这本书的初稿,觉得其中还缺少感人之处,有些地方平平板板,思想内涵有些不足,这在改稿中希望能有所补充。

6. 此书的定位是:写给大学生和公务员阅读的一本有学术内涵又有哲理性的普及性读物,文字的表述要使人看懂,而且读起来有味,不是深奥的考据性和研究性著作。

7. 参加写作的同志们的姓名,应在《序》中有所说明。

8. 目录文字太单调,可否在每本传统文化经典前加一些概括语?这就要费心思。我们写的《中华优秀传统文化核心理念读本》,对每一个理念都有一个概括词语,如"天人之学——天人和谐的探索精神"等等。

9. 分节小题过于呆板,都是"概述"、"主要思想内容"等等,能否有一些变化?

10. 引用外国学者的话,请注意这种引语是否和我们所叙述的内容相吻合?如P82所引曼弗雷德·库恩的《康德传》,有必要吗?

11. 看来,此书稿要补入一些新增添的经典,又要一句一句地过一下,不必按照出版社所要求的时间。交稿时间服从于书稿的质量,不能听出版社的指挥。我希望这本书稿再用两个月的时间加以定稿。战峰编《华夏文化》杂志,改稿熟练一些,对此书稿也要敢于改稿。今年10月份定稿,再到年底交稿。不要急,不要和出版社商量,我们一定要坚持质量标准。

如何?请酌。

张岂之

2013.9.1

## 致武占江[1]

第一封

此文写得不错(作为作业是可以的),请告武占江同学。请他写一篇文章给《华夏文化》,此文似与杂志要求不太相符。希望他继续努力,以期有成。

张岂之

1994.4.18

**占江按**:此文写给光华师兄,是对我的习作《试论北魏儒学复兴的机制》一文的批语。先生在“机制”一词旁边打了个问号。当时未经严格学术训练,用词天马行空,由此可见先生雕琢学生的苦心。当时我是硕士二年级。

① 现为河北经贸大学教授,时在研究所相继攻读硕士、博士学位。

㊕㊁㊖

笔记式论文《教、礼、法》中提出的问题是有意义的。文章关于春秋战国以前,中国古代宗教与礼乐文明的演进,在论述上比较清楚,用的材料也比较准确。文章收尾似有不足。在收尾中提出了一些很有意义的问题,但是均未展开。为什么“中世纪中国成为世界上唯一的一个世俗国家”?可否就这个问题展开论证,再写一篇笔记式论文?再探究一遍,这是一个很有意义的问题,值得研讨。当然,在探讨这个问题的时候,除了思想因素外,社会历史条件的因素也是不可忽略的。

张岂之

1996.1.1

**占江按:**这是张先生对我博士一年级期末作业《教、礼、法》的批语。当时刚读完《左传》,结合当时所读的一些宗教方面的书,写成此文,呈送张先生。在论述先秦时期巫术、宗教与礼、法关系问题之后,写了一些相关的想法,吸收了王国维、李泽厚的学术观点。末尾提出中国成为中世纪时期世界上唯一一个世俗国家与先秦时期祖先崇拜、信仰多元(每个家族都有自己的祖先神,统一的至上神权威不足）有关，得到先生的注意和鼓励。但是后来转入阅读希腊哲学史，并没有对此问题进一步深究。直到今天，这篇“笔记式论文”也没有完成，对先生的教诲，抱愧良多。

第三封

占江：

你关于中国古代思维模式的若干设想，我看了，觉得很好。但是，提纲还比较零乱，随着对问题探讨的深化，一定要使观点系统化、条理化。

我觉得中国古代思维，大体上有这样一些表现：开始是“原始思维”，这个词是可以借用的。原始氏族的巫术，恰恰就是这种思维的表现。巫术不是宗教。但巫术后来和有些宗教融合在一起。西汉时“天人感应”论中就有巫术的成份。

<u>原始思维发展到宗教思维</u>①。商代的“天帝”是主宰人间祸福的全能神。在漫长的发展过程中，这种宗教思维遇到了矛盾。问题是：全能神为何影响人间？其“中介”是什么？这个问题不能不回答。在西周时期就有所谓“天六地五”说的产生。于是，从宗教思维逐渐向科学思维转化，同时，宗教思维与原始巫术的结合与变迁（明显地表现为“天人感应论”等）。无非就是这两个方面。列宁有一段话说得很深刻，他说，在古代，科学与宗教纠结在一起。诚然！

① 下划线为原文所加，下同。

在春秋时期，宗教思维向科学思维转化，最足以表现时代精神的、最具有中国历史和文化特色的，就是辩证思维。通行本《老子》与西汉时期《老子》帛书是这方面最典型的成果。《易传》亦表现了宗教思维向科学思维转化的情况，其中既有辩证思维，也有宗教思维。

在中国，科学思维的发展必须解决几个问题，一个是所谓“本体”的问题，一个是运动与静止的问题，再一个是事物与法则的关系问题。宋明时期在解决这些问题时，推进、发展科学思维的过程中，中国思维科学——古代哲学得到不断发展，但也有许多曲折与迂回。最大成就者就是王夫之。同时也可以看到中国科学思维的若干不足与缺陷。……

总之，原始思维——宗教思维——科学思维——辩证思维；再就是：原始思维——宗教思维——宗教与科学思维并存[①]——宗教哲学及其辩证思维。

不论是唯物与辩证思维相结合，还是宗教或者唯心与辩证思维相结合，中国古代思维科学最大的成就是辩证思维的创造。中国古代是最具辩证思维的国家。朱熹、王守仁的本体论，不能不说是唯心，但他们对于辩证思维有很大贡献。王夫之所谓本体即“氤氲”（阴、阳和合未分状态），对辩证思维作了深刻论述。

你的提纲有一个不足就是对于“辩证思维”这个核心似乎还没有抓住。中国哲学的特色在此，中国古代思维的最大成就在此……这样的思维特色，和西方就有了区别。

---

① 此短语下有“董仲舒……”字样，并用括弧括起。

以上意见供你参考。

即祝

进步

张岂之

1997.3.19

荀子提出“天人相分”意义重大。

最近若干年，有些德高望重、学问渊博的老先生过于高扬“天人合一”，对“天人相分”论述不足，令人遗憾。其实，只有论证清楚“天人相分”，才能更好地阐述“天人合一”。

**占江按：**这是张先生对我博士论文开题报告的批语。张先生非常强调中国特色，可见先生对中国思想、哲学、文化等方面的研究洞察力，对学术发展趋势很清楚。

## 第四封

小武：

你11月15日的信，我前天才看到。11月14日我即离京飞穗，后又去了厦门、福州、杭州诸地，12月8日才返回北京。

你信上谈到中国古代思维方式的问题，我觉得你的看法是好的。虽然关于此问题已经出了一些专著和论文，但几乎都是从概念到概念，缺少与历史的联系。因为写这些书的人是学哲学出身，对于历史缺少应有的研究，他们的书产生如此的不足，那是不足为奇的。

你的论文需要从历史写起，就是说，从历史中概括出思维方式的表现形式及其特点，而不是预先搞一个范畴模式，然后将某些材料装进去。你在信上对此颇有认识。我相信你会写好的。总之，你的思路是不错的。历史与哲学的统一，历史与逻辑的统一，这是应当遵循的研究方法。

此祝

进步

张岂之

1997.12.11

**占江按**：按照张先生把握中国文化特色、突出辩证思维的指导，我经过八个月的阅读、思考、写作之后，写了一篇关于论文整体框架的报告，提出从历史现象描述的方法出发，由现象概括中国古代（先秦时期）特点，而不是先立一个框架，去构建体系，从研究中国上古思维传统开始，梳理其在春秋战国时期的发展脉络。也提了一些初步的观点，得到先生的鼓励，增加了我写作论文的信心。

第五封

请阳举同志转博士生

小武、小肖：

你们的博士论文提纲（详细）我早已看过。现在你们正式定稿。四月中旬完成可以来得及。如果太赶，你们的身体可能支不住。营养的不足，家事的纷扰，过度的劳累，可能会影响身体。所以我宽以时限，到四月中旬，如何？这样，你们即可有些时间休息。博士生经济拮据，加上论文答辩前心情紧张，再加上毕业后去处的矛盾心理状态，如此种种，会给身体带来不良影响。请你们自己进行调节，其实，一切都不用太紧张。“船到弯处自然转”，情况会变好的。

即祝

劳逸结合

张岂之

1998.3.9

**占江按：**输入此文时候，不禁五内俱热，在先生门下求学时的一幕幕令人感动的场景浮上心头。那个时候我和肖永明兄都是脱产学习，我是应届，没有参加工作，博士津贴维持生活颇为紧张。1995 年年底在西安住院，切除了阑尾。手术前的检查发现心电图很不正常，医生说是心肌炎。永明兄也感到胸闷，后来诊断也是心肌炎。1996 年春天，我们两人曾经有一段一起在校医院输液治疗。永明兄已经成家，妻子在湖南工作。我是父亲去世，慈母在堂，论文、家事、工作确实是很纠结的事情。在毕业论文定稿的 1998 年春季，先生考虑的不仅是我们的学习，还有家事、工作，尤其提醒我们注意身体，殷殷叮嘱，至纤至悉。“其实，一切都不用紧张。‘船到弯处自然转’，情况会变好的。”先生当时对我们的学习、生活、工作可能已经有妥帖的考虑。如今我已经步入中年，时时想来，辜负先生多矣！

## 第六封

占江：

你的来信早已收到。你讲的情况都是客观存在，但不是不可以克服的。我已和学校人事处商量好，尽力帮助你克服困难：你一毕业，即可迁入给你的房子；你爱人可立即调来西大。你母亲可以接到西安，你们全家在一起，在开销上可以节省一些。

现在大家都有一个错觉，仿佛在博士学位以上还有个学位"博士后"，这可能是我们中国人的发明。在英美，有些博士一时找不到工作，暂时在"博士后"留一段时间作些研究，等于是博士待业接待站。怎么一到我国就变了样呢？

我们西大中国思想文化研究所将以集体合力的形式，以及个人的方式，开拓一些新的研究领域，并拿出优秀的成果。你参加进来，大家都欢迎。

总之，以上建议请你考虑、斟酌。我想，光华、小谢、炳武同志还会和你谈的。

祝好

张岂之

1998.2.26

## 致欧阳军喜

欧阳军喜[①]同志：

此文[②]写得清楚，推理也很明确。

有几个问题请考虑：

1. 汉代历史一揭幕，各种思想相融汇的局面便开始了。在融汇的思想流派之中，最重要的是儒、道、阴阳和法家思想。由春秋战国（严格讲是战国）时期的“争鸣”，到汉代的“融汇”，体现了中国思想演进的规律。贾谊、刘安等人在“融汇”中都有代表性。有的以道家思想为主体进行融汇；有的以儒家思想为主体进行融汇。而儒、道、法、阴阳四家的融汇，形成一个新的思想体系，最有代表性的著作就是董仲舒的《春秋繁露》。

汉代历史发展到汉武帝时，文治武功都有很大建树，而思想上的“融汇”也有了代表作，所以一般都说汉武帝时期“罢黜百家，独尊儒术”，这个时候的“儒术”，和孔、孟的早期儒学已有不同，而是融汇了道家、阴阳家、法家思想的儒术。

2. 到东汉时期，情况有所不同。从王充的《论衡》来看，整个

---

① 现为清华大学马克思主义学院教授、博士生导师，时在西北大学中国思想文化研究所攻读博士学位，学位论文题目为《五四新文化运动与儒学》，陕西人民出版社 2001 年版。

② 指欧阳军喜所写的学年论文《罢黜百家、独宗儒术辩》。

天道观是来自道家(说一句,西汉时司马迁《史记》所体现的天道观也是源于道家),而对阴阳家和天人感应则持批评态度。《论衡》对于儒家创始者并不是五体投地的崇拜,而是与之进行探讨与商榷。《问孔》篇,就提出了商榷的问题。可见,在王充时期,儒术还不是"独尊"到不能批评的地步。在魏晋南北朝时期,儒、道又有进一步的融合。儒术真正独尊到任何人都不能批评,可能到了宋代。但这个时候的儒术已经是以儒术为主而兼容了百家之学(含外来的宗教哲学)的思想了。

3. 请让思维的空间更加开阔一些,从点到面,以便了解整个中国古代思想史演进的若干侧面。

4. 古与今的问题,1902 年梁启超在《新史学》一文已经提出。

改稿请在三月十四日交我再阅。不能拖。

张岂之

1996. 1. 1

## 致赵旗

第一封

赵旗[①]同志：

你3月26日来信，我仔细看了两遍，觉得你思考得比较成熟，而且对两个题目的设想(含现有的成果)也很具体，这些都很好。

我再三斟酌，觉得你的博士论文写心学与禅学比较好，可以写出新意来。不过，你如有时间，可以查一下，日本学者在这方面的研究有什么成果。日本学者一般都属于考据之类，将历史与哲学融汇起来并不多。

你说做第一个题目，主要有两点“疑虑”。第一，陆、王二人的佛学经历都比较短暂。这不能仅从他们二人的年谱来看，而要从时代来看。禅学，扩大言之，还有其他佛教宗派，从唐到宋，再到明代，已经成为中国文化的一种新的积淀，影响很大。时代思潮的影响，加上朱学的烦琐，尽管陆、王二人的佛学经历不长，但影响却很深。这个影响主要是在思维方式上。第二，禅学语录、灯录极多，确实是“文献浩如烟海”，但是禅学的主要思维方式是什么？对陆、王影响最深的是什么？抓住最主要的，并不需要在资

① 现为西安邮电大学人文社科学院教授，时在研究所攻读博士学位，学位论文题目为《心学与禅学》，陕西人民出版社2001年版。

料的海洋中游泳。

第二个题目西周礼乐文化，以往做的人不少，要做出新意可能不太容易。

你再想一想。从你信上看，你对第一个题目想得更加深入一些。

你如有时间，可以拜访龚杰老师，就第一个问题请他给你一些指导。龚杰老师对佛学是很有研究的。

你再想想。如有问题，请再来信。今年暑假前，博士论文题目应确定下来。

此祝

进步

张岂之

1998.3.31

第二封

赵旗同志：

你的《心学与禅学》论文提要我看了，觉得不错。你完全可以根据你自己的意思去写，不要有顾虑。我只提三点要求：1. 写出来，使人（专业工作者）能够看懂，不要变成一堆名词的堆积，使人看了不知是怎么一回事。2. 要有一定材料作为观点的论证，不要推论。3. 请注意朱熹，他在儒、佛、道的融汇上有大贡献。他用几十年的时间来做《四书集注》，使他的思想既有儒家经典的依据，又有求学由浅入深的层次；把佛（含禅宗）道的精神经过改造，纳入儒家的思想框架，从而在某些方面对汉代儒学作了很大的改造。总之，你的论文千万不要抽象得只剩下几个名词，或者在范畴上作“不可（不能）证明”的论述。

请你多和方光华老师商量。必要时，可向龚杰老师请教。

在动笔前，请看看胡适的学术论文，他有时也谈中国哲学史的问题，他的思维逻辑和文字表述有许多值得我们参考、学习的地方。以上意见供你参考。

此祝

近好

张岂之

1998.10.19

## 致张晓虎

第一封

晓虎[1]：

请你通过谢老师和学校科研处商量，按照条例，学籍延长一年，这样，你在工作上和写博士论文上就有比较充裕的时间。

你关于中国古代宗教的分析，我觉得不错，而且你读书也很用心，读得很细，对外庐先生的书像你读得这么细，这么深，现在已不多见了。

你的博士论文先写一个初稿，也不一定太长，十万字以内即可。初稿写成后改几遍，特别注意论证的依据，也就是说在论证上要有比较充分的依据。初稿写成后，如果方便，可以给我看看。

学籍延长一年，返回徐州以前请和谢老师说说，以及有什么事如何和他联系等等。

祝好

张岂之

2000.6.18

① 即张晓虎同志，现为中国矿业大学文法学院教授，时在研究所攻读博士学位，学位论文题目为《周代宗教思想的演进》。

第二封

晓虎同志：

你的论文《周代宗教思想的演进》我翻读了一遍，觉得这几年你用心于此，是有收获的。“周代宗教思想的演进”脉络被你描绘得相当清楚，于前人有所进展。

你最好抽出时间将你的论文要点作提炼概括地叙述，并指出哪些要点上是你自己的心得。例如你的观点和陈来先生的就有不同，这是很好的。

关于宗教与巫术的关系，有联系又有区别，这一点是否可以再作些论述？

关于第三章第二节，“从祝史文化向诸子时代的过渡”，其中“孔子对传统宗教思想的改造”，是写得不错的，有深度，但缺少应有的理论概括。实际上，孔子是用“仁”与“礼”对传统宗教思想进行了改造，但在他的思想体系中，仁与礼有矛盾冲突的一面，这就使后来的儒者有可能将早期儒家思想引向“礼教”。礼教是脱离开“仁”的等级划分，重礼而轻仁，造成秦汉以后儒家思想的分裂。礼教不是宗教，不是原版的孔子思想，它究竟是什么？它本身是否具有宗教的某些功能？这个问题请你思考一下，以便在论文中作一些力所能及的补充。五四时期先驱者们所批评的，并不是孔子原本思想,而是礼教。外庐先生认为汉代《白虎通》是礼教正式形成的标志。可以这样讲吗?我觉得是可以的。礼教中有宗法性,有等级性,也有神力,是与至高无上的"皇权"联系在一起的。

关于墨子的宗教重建及其内在矛盾,是写得好的。墨家在汉代转化为"侠",与其宗教重建有无关系?

道家对传统宗教的否定,也写得不错。说道家有宗教倾向,这表现在哪里?道家在哲学本体论建立上的成就是否包含有宗教倾向?道家本体论与宗教的关系,如有可能,可否在论文中作适当的分析;若觉得非一言两语能够谈清楚,那就作罢。但是这个问题是需要加以研究的。

"从感性的神灵到名象交融的宗教思维"也有一定的理论深度,其中还有一些不足,也许就在于,按你的说法,从仪式化的宗教向神学化宗教的演进路径似乎还缺少了些什么?

关于战国时期的造神活动,在最后引用梁漱溟《中国文化要义》P95的论断作为结语,是否贴切?是否儒学都越来越关怀性命天道问题?还是儒学都越来越趋向等级名分的神秘化?这个问题请再研究。

全文是否要有一个小小的结语?还有哪些问题需要继续研究,可否简要地说几句?

以上意见供你参考。你对稿子再作些修改,最迟四月二十日要开始打印。

此祝

近好

张岂之

2002.4.4

**附：**



## 《周代宗教思想的演进》序

张岂之

思想史，作为理论化的意识形态的历史，是对哲学思想、逻辑思想、社会思想、教育思想以及政治、经济等思想的综合研究。在中国宗教思想史领域，过去国内学者对于道教思想史、佛教思想史以及儒家的宗教性质或功能等研究较多，也取得了丰硕的成果。改革开放以后，随着中国经济现代化建设的进行，社会主义精神文明建设，特别是人文精神的弘扬，愈益成为人们关心的话题。吸收哲学、历史学、文学、宗教学等方面的新成果，对宗教思想史进行历史的、哲学的以及宗教学的综合研究，总结中国宗教思想史进程中的一些必然性因素和经验教训，也日益体现出其现实意义。

中国矿业大学文法学院副教授张晓虎同志于 1998 年—2002 年随我在西北大学中国思想文化研究所攻读博士学位。在校期间，晓虎同志即对中国古代宗教思想的研究产生了浓厚的兴趣。经过两年多的研究写成论文《周代宗教思想的演进》。在博士论文答辩中，这篇论文得到答辩委员会专家们的好评。他在取得博士学位，返回中国矿业大学后，在教学之余，继续对博士论文进行修改和补充，形成了现在的稿子。总体上，它是在前人的基础上有所进展，现在公开出版，以便有机会在更大的范围内和有关学者研讨。

《周代宗教思想的演进》一书，注重中国古代宗教思想宏观历史演进历程的研究，在这方面作者有独到的心得。他认为周代宗教思想的演进，主要就是从殷商无“德”的神灵，发展到西周有“德”的神灵，再经历东周而进一步转化为与“道”相配合的、有普世色彩的神灵。这体现出作者从“神灵”论方面对周代宗教思想宏观发展历史进程进行的归纳总结，颇有新意，值得重视。

在研究方法上，作者从宗教心理、宗教信仰、宗教思维等方面，利用了西方宗教心理学和宗教哲学思想的一些成果，来探讨周代宗教思想的演进。另一方面，作者特别对殷商和周代的宗教思想进行了历史的比较，认为殷商宗教尚处在“巫教信仰”阶段，而周代(主要是西周)则兴起了“以德配天”的伦理宗教。这些研究方法上的探索，也值得肯定。

在一些具体看法上，作者注意到“西周以礼为主体的宗教形式”，在战国时期诸子的宗教观中，作者对于儒家的宗教观，特别是关于孔子、孟子、荀子思想的分析，都是有说服力的。

本书也有一些值得研究、商榷之处。比如，关于战国时期民间宗教的兴起，在深度和广度上似乎还可以进一步讨论；而在对于商、周宗教思想进行的比较研究中，对西周的伦理宗教问题的社会历史背景分析和宗教哲学思想的逻辑分析，似乎都需要再深化。

其他方面，比如，什么是综合的宗教思想史，它的研究对象是什么，它有没有特别的研究方法。还有：中国古代宗教思想的发展进程，与西方特别是欧洲等地区古代宗教思想的发展进程，有没有发展历程上的共性等等。像这些宏观层次上的理论问题，在研究宗教思想史的时候，是不能回避的，尽管这些都是很难而且一时不易有公论的问题，这些问题也欢迎读者朋友们帮助提出来，以便作者进一步思考研究，以推动中国古代宗教思想史走向健康发展的道路。

是为序。

## / 致彭国兴 /

彭国兴[①]同志：

你的信(9月15日)早已收到，迟复为歉。

你有三年时间读学位，这是很难得的机会，也是奠定自己学术基础的一个机遇，应当很好地把握。

在第一年，主要有两项学习任务。其一是外语。许多人在这上面用了不少时间，你不会有这个问题，因为你在中学教过英语，可以多在听说这两方面下些功夫。再一项就是对中国思想史有一个概貌性认识，并熟读某些文化经典(所谓“熟”并不是背诵，而是熟练、熟悉，有较深的理解)，我觉得在以下四部书上要下较深的功夫，即：《论语》、《孟子》、《道德经》、《庄子》。这才是基础的基础。要写读书笔记，要看一些好的注解。如果你能在第一年把这四部书都读了，而且是下了功夫去读，那么你将来会发现从这中间得益很多。

还有一个方面的训练，就是写作训练。能写出有逻辑的、使用规范化现代汉语的文章。这是很不容易的。你看现在有些青年人写的文章，很可能有些你看不懂，我也看不懂，估计别人也看

---

① 中国人民解放军火箭军工程大学理学院副教授，时在研究所攻读博士学位，学位论文题目为《20世纪前半期中国关于科学社会功能的认识研究》。

不懂。究其原因，这些故作高深的、别人看不懂的文章，大体上有三个毛病：一是没有逻辑；二不是规范化的现代汉语；三故作高深、食洋不化。千万不要学他们。我看你的信，写得清清楚楚，没有那些欧化语句。这很好。在学术论文方面，我建议你读读胡适的文章，季羡林的文章，朱自清的文章，冯友兰的文章。要有好的学风！

今天就写这么一些，供你参考。等我回校以后，我们再谈。

祝

进步

张岂之

2000.10.2

## / 致刘固盛 /

固盛[①]同志：

你的博士后选题《宋元时期的老学与理学》提纲、导言、第三章我都已读过，觉得很好。此书稿写出来，对中国思想学说史的研究会有贡献的。

在研究方法上，我想提两点建议供你参考。

第一，从理学代表人物如何看老学，分别写出来，很有必要。由于初稿尚未出来，对“上篇”的第一章的具体内容还不知周详，这一章很重要；这一章要从整体上来看理学与老学的关系。这就是说，在研究方法和叙述方法上，既有“分”又有“合”。从某种意义上讲，“分”比较容易写，“合”则比较困难。宋代理学的产生反映了中国本土文化与外来文化的内在融合，这个融合既吸取了佛教的某种思辨方法，同时又要超越它，使中国儒学在理学发展阶段仍然坚守儒学原创性道德伦理观。宋儒对老学的评论和某些方面的吸取从属于这个大课题。理学的本体论，有佛(学)的影响，也有老(学)的影响。宋代理学反映了中国儒学的原创——着重谈心、性是不够的，需要有它自身的本体论，而这一本体论不能

① 即刘固盛同志，现为华中师范大学历史文化学院教授、博士生导师，时为西北大学中国思想文化研究所博士后流动站科研人员。

是纯粹的思辨，应当是儒家道德伦理观的放大和抽象。将宋代理学与老学的关系放在这个背景下，从这个视角去看，也许会看得更加清楚些。你的稿子在“分”的题目下考虑得多，从“合”的方面考虑得较少，将来在写作中是否注意一下这个问题？

第二，如果能把视野扩大，一直扩到明末清初，王夫之等是如何看老学的，书稿不一定写出来，但研究方法上需要，从清初老学评论反过来看宋代理学与老学的关系，可能会更加深入些。理学家没有注意的问题，王夫之在《老子衍》等著作中看到了，还有深刻的论断。我们从王夫之已经达到的高度返观理学与老学，会有新的收获的。

我从研究方法上提出以上两点供你参考。总之，我建议你在研究上注意将“个别”与“一般”，将“微观”与“宏观”融合起来。

耑此即颂

撰安

张岂之

2001.9.1

## / 致江心力 /

第一封

心力[①]同志：

你12月5日给我的信早已收到。我先是感冒，后来又去香港，12月21日才回到清华，略事清整，将积存下的信件逐一回复。

这几个月你查阅了20世纪关于荀学研究的著作，看来是很有收获的。你把博士论文放在这个"点"上是可行的。你在信上提出两种写法，一是根据《古史辨》第四册中的总结去写。正如你信上所说，可是依据这种架构，结合社会史的特色不好体现。我意不取这样的写法，不受《古史辨》的影响，由自己去开拓。因此，我比较赞成你取第二种写法。不过，关于"时期"的划分也不要过于严苛，第二、第三时期如何划分，你再研究；如果不好分为第二、第三时期，将它们合并亦未尝不可。学术研究最好不用"转型期"这样的词，另外想一个恰当的概括。马克思主义对荀学的研究，在20世纪成绩斐然，有很大进展，是要着重写一写的。

你再想想还有什么困难。在具体写作过程中还会遇到新问题，都是可以解决的。

① 即江心力同志，现为山东聊城大学历史文化与旅游学院教授，时在西北大学中国思想文化研究所攻读博士学位，学位论文题目为《二十世纪上半期荀学发展研究》，中国社会科学出版社2005年版。

这样，你的论文题目基本上定下来；写法采取你所说的第二种办法。下一步就要整理资料、酝酿论点了。你准备得比较快，会把论文写好的。

耑此即祝

近好

张岂之

2002.12.25

第 1 页

飞力同志：

你12月5日给我的信早已收到。我先是感冒，后来又去香港，12月21日才回到清华住处，略事清整，将积存下的信件逐一回复。

这几个月你查阅了20世纪关于荀学研究的著作，看来是很有收获的。你把博士论文放在这个“史”之上进行。你这信上提出两种写法，一是根据《古史辨》首册中的观点来写。二是依你信上所说，可以依据这种史料，结合社会史的线索加以阐说。我意不取这样的写法，不受《古史辨》的影响，由自己去开拓。因此，我比较赞成你采取第二种写法。不过，关于“时代”的划分也不要过于琐碎，第二、第三时期如何划分，你再研究；为什么不好合为第二、第三时期，将这些合并，亦未尝不可。学术研究最好不用“转型期”这样的词，另外要一个恰当的概括。总之对荀学的研究，在20世纪我们发生变化，有很大进步，是需要着重写一写的。

你再想想还有什么困难。在具体写作过程中还会遇到

2

等问题，都是可以解决的。

这样，你的论文题目基本上定下来，等读采取你所说的第二种办法，则下一步就要整理资料、撰写论文了。你写得比较快，会把论文写好的。估计于明年一月下旬回西安，写此即颂

近好

张岂之

2002，12，25

20×20=400

## 第二封

江心力同志：

由于你把我的地址写错了，致使你论文稿的第四部分转送到我手，距离你寄出已经十多天了。

你写的《二十世纪前期的荀学研究》目录，似乎不够仔细，有掉字、错字现象。“前期”需有一个范围。

关于外庐先生对荀子的研究，写得不错，但请将“先生”一词删去，在论文中一律不称先生。

《二十世纪前期荀学研究的回顾》不必放在书尾，可作为“导论”，放在正文开始之前。

现在你要在“导论”上下些功夫，“导论”的提纲是：

导论

一、为什么选“二十世纪前期的荀学研究”作为博士论文题目。

二、二十世纪前期荀学研究的三个阶段要概括，指出三个阶段的特点。特点是什么？请你自己去概括，去总结。

三、研究此问题得到的启示。

这三个部分作为导论，你在答辩会上就讲这三个问题，不过，写成文字大约需要1—2万字才能讲清楚，但你在答辩会上讲，最多20分钟，需要在此稿的基础上提炼出一份5000字以内的报告稿。请事先准备好。

现在你需要集中精力在四月中旬以前写出“导论”来。稿成，请寄我，或请刘薇同志寄我，不要发生差错。

我和你联系不上，我觉得，在论文的最后阶段你应当在西大[1]，联系起来方便。

此祝近好

张岂之

2004.3.20

① 江心力同志为在职攻读博士学位的研究生，原单位安排有一定的教学任务。为了保证集中研究和撰写博士论文的精力和时间，张岂之教授提出了明确、严格的要求。

第三封

心力：

你的来信已经收到。《序》已起草，寄上，请你打印一下。似可寄西北大学中国思想文化研究所谢阳举同志一份，请他交博士生们一阅。文内提到你的论文曾请彭林教授审阅，还有哪几位？我记不清了，请你想一下，将名字补上。

关于“墨学”，你想的几个问题很好，就照这几个问题去写，是学术性专著中的一部分，不必考虑通俗化问题，该引的资料还是要引上。要有一定的研究深度。请按时将稿子寄交方光华同志。

我的事较多，也较忙，身体大致还好。收到你的信恰好是一个会议刚刚结束，有些“空档”的时候，今天星期六，上午写了《序》，字句一定要梳理成规范性的现代汉语。

祝好

张岂之

2004.11.7 立冬日

附：

## 《二十世纪前期的荀学研究》序[1]

张岂之

江心力的博士论文《二十世纪前期的荀学研究》即将出版，他说我对他写作此书了解得比较深切，希望我能为这本书写个序。心力撰写博士论文的整个过程，从选题到搜集资料到草拟提纲，再到写出初稿以至最后定稿，我虽然不敢说有“深切”了解，但还是可以说知晓得比较多。现在将其中的一些情况写出来，也许会有助于读者朋友们对此书的了解。

江心力同志于 2001 年至 2004 年在西北大学中国思想文化研究所攻读博士学位，由我担任指导教师。他原在山东聊城师范学院历史系（现改名为聊城大学历史文化学院）任教（为本科生讲授中国古代史），为人纯朴，治学上严谨求实。到二年级中期，他完成了所有课程学分，需要确定博士论文题目。其时我和西北大学中国思想文化研究所的几位同志正在研究二十世纪中国思想

① 本文系张岂之教授为山东聊城大学江心力教授新著《二十世纪前期的荀学研究》撰写的序言。江心力同志 2001—2004 年间在张岂之教授指导下攻读历史学博士学位，《二十世纪前期的荀学研究》是在他博士论文基础上进一步修改而成的科研成果。张先生在序文中着重结合作者的求学经历介绍了一些背景知识，其中比较详细地论述了博士生培养应该注意的几个关键问题。该序文曾发表在《湘潭大学学报（哲学社会科学版）》2005 年第 2 期，收入《二十世纪前期的荀学研究》时稍有增益。

史。我想心力最好在这个大范围内选题，以便与我的研究结合起来。我又想，博士论文的写作是使博士生具备独立从事科学研究能力的基本训练，在选题上应当具有相当的难度；同时论文也需要有可衡量其质量的“参数”，例如资料的搜集和解析情况，论点的阐释和论述情况，是否具有一定的独立自得的见解等，都要有可衡量的“度”，使人能把握得住，而不是泛泛而论，无的放矢，不是随意拼凑、引证中外学者的话，更不是故作高深，写出中国学人读不懂的文章来。因此，博士论文的写作是博士生一次重要的坚持实事求是的学风训练，是衡量其能否达到博士标准的重要尺度。正是基于这样的认识，我和心力多次商量，才确定其博士论文以《二十世纪前期的荀学研究》为题。

对于心力是否能较好地完成这个题目的研究，刚开始时我也没有多大的把握。我要求心力先试试看，通过收集相关资料，阅读文献，对资料进行解析，看是否可以做下去。心力以很大的毅力从事资料收集和研究，写成多篇调研报告。随着研究的深入，心力的兴趣越来越大，而遇到的困难也越来越多。是半途而废还是将课题的研究进行下去？心力有过疑虑。在此过程中，西北大学中国思想文化研究所的几位同志，还有心力的几位年轻的博士生同学，都给了他很大的帮助，使问题逐渐有了解决的途径。大约有一年左右时间，心力完全处于研究的亢奋状态，开始尝到研究问题和攻克研究难点的甜头，一些观点也逐渐酝酿出来。经过近两年的研究，心力写成《二十世纪前期的荀学研究》初稿。我对初稿提出了修改意见，有些还提得相当严苛。博士论文的定稿只由导师一人评判是远远不够的，研究生之间的“互挑毛病”(指相互讨论初稿并提出修改意见)很有必要；初稿的修改不应是一次两次,而是多次,这样才可形成半定稿。到了此时一定要有“行家”的指点和批评,而作为导师,应当欢迎学者同行对自己指导的博士生论文进行鉴定和批评。只有这样,才能提高论文质量,有助于博士生养成恢弘的学术气度,不仅向导师学习,而且向同行专家学者们学习。

2004 年 6 月心力在西北大学参加博士论文答辩,我也参加了此次庄严的学术活动。专家们对《二十世纪前期的荀学研究》作了较好的评价,也指出了应当修改的一些问题,使心力进一步受到教益。现在公开出版的稿子,是心力取得博士学位以后继续修改的成果。

我为什么不厌其烦地要将江心力同志写博士论文的情况说出来呢?我是想说明,学术工作是严肃的事,不付出艰巨的劳动,是产生不出优秀成果的。而学术研究的成果,决不能凭广告宣传来抬高其价值,而是要靠科学实践的检验。博士导师应当在博士论文的指导上竭尽全力去做。江心力同志这篇博士论文公开出版,主要目的是为了更加广泛地征求意见,以便提高其质量。学术无止境,在写这个《序》的时候,我希望心力在学术道路上能有进一步的提高。

第四封

心力同志①：

来信收到，你用的信封是聊城政协的，我手头没有你在聊城师院的具体地址，不知你暑假期间是否在聊城师院住，所以此信请光华同志转你，要费些时间的。

关于写墨学(在《中国思想学说史》先秦卷中)，我想，只是描述《墨子》书的若干内容，并不难，而且这也是不可或缺的。如果只限于此，那就不够了。关于墨子研究，成果极多，山东大学郑杰文教授(古籍所)有一本关于20世纪墨学研究的书，是"20世纪人文学术丛书"中的一本，资料丰富。作为古籍汇编来看是不错的，但并不是思想史；思想史一定要有"思想"。此"思想"有二：一、研究对象自身的思想；二、研究者的思想。如何才会有"思想"？在研究中要提出问题，从思想史角度加以解决。关于墨子和墨学有哪些问题至今还解决得不好？

1. 何以墨子思想在春秋时期能成为与儒学并立的"显学"？

2. 为什么墨学到秦汉时期便逐渐失去了"学派"的意义？与此不同，为什么儒学在中国中世纪社会始终能保持自身"学派"的

① 当时已经毕业回山东聊城大学历史系工作，但参加了《中国思想学说史》先秦卷墨学部分的撰写工作。

特点？为什么？

3. 在中国中世纪，墨学的要点分别为哪些学派所吸收、改造？墨家学派虽然不再存在，但其思想要点并未湮没于历史的烟尘之中。

4. 作为“墨学”(广义)中的主要组成部分的《墨经》，在20世纪人文学术研究中，梁任公有贡献，有专门著作；胡适曾加以学术批评，任公不能接受，本来是邀请胡适写的《序》，而任公却放在书末。从他们的分歧中看出什么？这就有研究方法的异同问题。对此，是否可以做一些分析？今天如何看？

以上四个问题如果能够写出看法来，比单纯描述墨子思想要好得多，起码要深入一些。供你参考。

稿最晚在明年一月交，如何？任务很重。你的博士论文暂时不必修改，稍放一放，你修改补充就会充实得多，“趁热打铁”对研究来说未必完全适用。你的任务重，请注意身体。

我今年身体似乎比去年稍好些，本想今年安定地坐下来写书，但事与愿违，有其他任务。

耑此即颂

撰安

张岂之

2004.8.2

## 致周益锋

周益锋[①]同志：

你的博士论文初稿的目录，关于晚清海防思想作出以下各章节的分析与叙述，是可以的，也是用了力气的，但显示不出你在研究上的功力，因为这些都是对历史过程的描述，许多都是别人谈过的，你再加以概括。这作为讲课用的讲稿或海防思想概说都可以。但我想读的是，你对海防思想的研究在思路上、方法上、具体观点上和其他学者的不同处。为什么有这种不同处？这才能显示你的研究深度，可惜这方面我的印象不深。

第六章是对晚清海防思想本身的评析，还不是对海防思想研究成果的评析。但在导论中应该有关于海防思想研究成果的评析，这样，我才能知道你在论文中的创造性表现在哪里。

看过这个初稿后，我觉得你不要着急，你的论文还缺少画龙点睛的东西，这就是一篇很深刻的"导论"。我不仅要看"描述"，而且更加想看"评述"。"评"——你和别人研究的不同处何在？能否很清晰地写出来？我最想看的是全部论文的"导论"，但是没有看到。只是看到"中文摘要"。

---

① 现为解放军西安政治学院教授，时在所攻读博士学位，学位论文题目为《晚清海防思想研究》，解放军出版社2005年版。

我觉得“导论”应包含：

一、关于中国海防思想研究的状况。已经有哪些有代表性的著作？不限于中文著作，最好包含外文著作。有哪些有代表性的观点？需要一一列出。

二、海防思想中哪些问题需要进一步研究？在此基础上，你才选了这个课题，才有博士论文的写作。

三、研究思路和研究方法。你的研究思路和方法与别人不同之处在哪里？

四、小结。这里简要地叙述你自己在晚清海防思想研究中的几个要点。

如果我看了你写的包含一、二、三、四方面的内容，我才能比较准确地判断你的论文价值。由于缺少一、二、三、四的内容，我不知道你在研究中的进展是什么，也不知道你掌握研究成果的情况。因此，我建议你要用力气写出“导论”来。至于具体各章内容，关系不大，但要求再核对一下原始资料。

祝

进步

张岂之

2004.2.16

## / 致王长坤 /

长坤[①]同志：

你10月14日函已收到。

你在信上说，你想做这个题目《法经与黄老之学》，我想应当尊重你的选择，请你在以下几点做一些调查研究。

1. 关于此类题目做的人多不多？已经做到什么程度？有无可能再做出新意来？博士论文不能只是概括别人的成果，应当有些新意。在我的印象中，过去曾经发表过多篇与此题有关的论文。你查一查。

2. 请你拜访黄留珠教授，他正指导博士生曾加做中国古代法律思想一类的题目，请黄老师具体指导你读点书，而且要在什么是“黄老之学”上有一些研究的进展。

3. 你还可以找一下曾加同志，他是我校法律系副教授，读在职博士研究生，他教的课是中国法制史，这和你要做的题目是很相近的。

4. 上面提到的三方面工作做完后，你觉得这个题目可以做，那就做下去，要列出你要看的书单（请黄留珠教授指导你拟此书

① 现为西安理工大学社科部教授，副主任。时在研究所攻读博士学位，学位论文题目为《先秦儒家孝道研究》，巴蜀书社2007年版。

单)，从研究资料做起，不要赶时间，力求做好。

你和黄留珠教授、曾加谈过后，请将情况告我，我想，那时我也可以表示意见：做或不做，你看如何？

请你把我的这封信给所里谢阳举教授看一下，征求他的意见，你即可开始新的探索，如何？

祝

进步

张岂之

2004.10.17

## 致周溯源

第一封

小周[①]：

昨天晚上电话中我提到，请你们几位博士生[②]看看《文汇报》，今年 12 月 15 日的一篇文章，思想史的研究是"对话过程"，"思想史研究是'为什么'，而不是'应该'。那些从'应该'出发的研究实际上不是研究，而是一种意识形态主张，答案早就有了，问题却不会有"。我看的是一个小小的报导，不是原文，不知其详。只从报导上摘引的上面几句话来看，指的是思想史研究不能先有一个构想，然后主观地往思想史上套，这当然是对的。不过以往用历史唯物论作指导来研究思想史，未必都是硬套。"意识形态的主张"，哪一种人文社会科学一点"意识形态"也没有呢？！

我请你们看看这篇文章，请小周召集几位博士生开一个小会，很客观地研究一下上述文章，研究研究，讨论讨论，然后

① 即周溯源同志，现任中国社会科学院近代史研究所党委书记兼副所长，时在研究所攻读博士学位，学位论文题目为《论中国古代思想家、政治家关于治乱兴衰的思考》（正式出版时题目改为《千年忧思：古代思想家政治家治乱兴衰思想论纲》），上海人民出版社 2009 年版。

② 主要指西北大学中国思想文化研究所 2001 级博士研究生周溯源、周淑萍、周益锋、江心力、王长坤、陈一梅等。

写一个书面的“研究讨论纪要”给我看看。在学术研究上一定要客观、冷静,不带偏见。这个“纪要”请寄我一阅为盼。祝各位新年好。

张岂之

2001.12.25

小周：

昨天晚上电话中我提出，请你们几位博士生看看《文汇报》今年（2001年）12月15日的一篇文章，"思想史研究是'封建迷信'"，"思想史研究什么'有什么'，不是'空谈'。那些从'空谈'出来的研究实际上不是研究，而是一种老旧的思想主张，若果早就有了，问题就不会有。"我看的是一个小小的摘要，不是原文，不敢妄评。"从摘要上摘引的这两句话来看，若是思想史不能有个标志，但应更明确地在思想史的角度上看，这本书[illegible]是对的。不过，以往用马克思主义观点指导来研究思想史，其实常常是硬套。"是"教条主义"，哪一种人文社会科学上的"教条主义"也没有呢！？

我请你们看看这篇文章，请小周召开一次几位博士生会议，组织大家地研究一下这篇文章，研究研讨，讨论讨论，然后写一个书面的"研究讨论纪要"给我看看。主要对[illegible]这一定要求实、冷静，不带偏见。这个"纪要"请寄我一份存档。谢谢你们的帮助。 张岂之

20×20＝400　2001.12.25　第　页

第二封

溯源同志：

近好！你的论文选题，我和小方等几位同志都看了，并在电话中交换了意见。我们认为你现在选的题基本上可以，就是说，做社会“治乱兴衰”规律性的探讨。但是，你目前的提纲比较宽泛，不容易做深，有点面面俱到，可能会使论文的质量受到影响。因此建议你的选题可以适当缩小，在面上压缩，在点上加强，使之在深度上有所进展。具体意见如下：

1. 你首先要调整好心态，不要急，要认识自己岗位的特殊性，处理好工作与读博的关系。工作和读博是有矛盾的，时间和精力不够用，这是令人痛苦的事。尤其是你所在的单位，必须坐班，刊物又是半月一期，周期短，节奏快，要求高，所以矛盾更加突出。人到中年，担子较重，既要惜时如金，又不能过于劳累。周益锋、江心力也是在职博士生，但他们的单位没有给他们多少工作任务，因此能坐下来接触一些他们以前没有接触过或接触得很少的资料，开拓一个新的研究领域。而你这两年只脱产半年，大部分时间是边工作边学习，在读博上投入必然有限。从你目前拿出的选题提纲来看，新的开拓不够，所以还要请你修改、完善。如果本职工作太忙，可以往后推一推，不必太赶时间。

2. “治乱兴衰”是历史现象，因此必须从社会史的分析入手，不是从原则出发，要有具体的历史分析，然后上升到历史辩证法的高度。要对中国社会史上某个段落有较深入的研究，对已有成果予以评述，包括对西方若干历史学家与此相关的论点予以评述，这样，可以更好地显出研究功力。

3. 你的论文选题有较强的现实性。现实性是必要的，但在我看来，博士论文的现实性主要通过深入的学术研究来反映。报刊论文的现实性比较直接，一个道理，用举例加以论证，把道理说得令人信服即可，不需要涉及太多的各种文献，也不需要展开剖析。但哲学社会科学较深的研究实践，这种现实性就不是一下子能得到反映的，而要经过许多中间环节。举一个最浅显的例子：资本家剥削工人的剩余价值，如果写一篇不超过4000字的通俗文章，可以直接说出什么是“剥削”。可是，剩余价值理论，在马克思《资本论》的巨著中是如何被发掘出来的？为什么要从商品的二重性讲起？为什么马克思要引那么多有关资料加以证明？为什么马克思说科学的入口处就好似地狱的入口处？重大的科研课题要付出艰辛的劳动，要做浩繁的工作。

4. 你的博士论文应通过对中国社会史和思想史的统一分析来揭示治乱兴衰的规律性，一定要有社会史的基础，建议你选中国历史中的一段，比如秦汉时期，比如唐代，或者从汉、唐看社会历史的治乱兴衰。如果中国古代史你不太熟悉，中国近代史你是有研究的，而且出过不少书，写从中国近代社会历史考察治乱兴衰也是可以的，这就必须研究清代历史。

如果你选择汉代来写，那么在《史记》、《汉书》上就要下些工夫。通过对这些史书的分析，从理论上解决如下问题：汉代治乱兴衰问题是如何提出的？在汉代，从社会史与思想史双重角度谈治乱兴衰的著作颇不少，比如：汉初有陆贾《新语》(又称《陆子》、《云阳子》，迄至目前，史学界对《新语》的研究尚有不足。台湾学者有专门研究《新语》的著作)，有贾谊《新书》(或称《贾谊新书》，可参看清王耕心《贾谊年谱》)、刘安《淮南子》等。将以上三书中有关治乱兴衰的观点与散见于《史记》、《汉书》中纪传部分有关材料加以研究，然后提出治乱兴衰问题，或许比从辩证法原理出发提出要扎实得多。还要研究汉代经学与社会治乱兴衰的关系。今文经学代表董仲舒《春秋繁露》所探讨的主要问题之一，就是社会的治乱兴衰，应看近代苏舆所著《董子年表》。此外，汉代谶纬之学与社会治乱兴衰有无关系？我看还是有的。历史上首次编纂谶纬是在王莽时期，为什么？刘秀即位后(东汉始)为什么第二次编纂谶纬？隋唐以降，谶纬大都亡失，只有《易纬》的一部分流传下来。王充的《论衡》中保留了一位独特思想家关于汉代兴衰治乱现象的历史沉思，看《论衡》请看近人黄晖的《论衡校释》和刘盼遂《论衡集解》。汉末要研究《后汉书·党锢列传》，具体分析李膺、杜密等与治乱兴衰的关系。材料十分丰富，只就汉代经学而言，写一章《汉代经学与社会治乱兴衰》，可以写数万字之多。

5. 上面所举的，写得细一点，并不是说要你非写汉代不可，写唐代亦可，近代亦可。不论写哪一个阶段，应当把社会的治乱兴衰放到一定的历史环境中去做具体的分析，这样，所写的就是史学论文，是有一定创见的史学论文，而不是一般的历史唯物论讲义。

请你再深入思考、分析一番，对提纲加以修改、完善，重写一份给我。

祝好!

张岂之

2004.8.5

第三封

溯源同志：

近好！你的论文大纲修改稿，我和西大中国思想文化研究所的几位同志都看过，觉得比第一稿有大的改进。为保证论文质量，请你先写一两章看看，这样我们可以进一步研究。总之，既有宏观的视野又不泛泛而论，既有丰富的材料又在论点上有相当的深度，既继承前人的成果又有新的突破，以体现作者的独立研究能力，使论文成为有益于当世之治的学术成果。请抓紧。

此祝

近好

张岂之

2004.11.12

## 致周淑萍

周淑萍[1]同志：

你的博士论文《两宋孟学研究》，我用了两天时间读完，总体上觉得不错，有观点，也有材料，读起来颇引人入胜。这篇论文的基础不错。

但你的论文中也有一个不足，就是对两宋时孟学研究面不够宽，而且剖析不细微。你的第二章《两宋时期孟子的升格运动》题目太大，有些问题没有说清楚，张载论孟，二程论孟，朱子论孟，都应当分章评述，作精细地分析，不能笼统地叙述。谈《孟子》不能不谈《中庸》，实际上《中庸》为《礼记》中的一篇，乃子思学派著作，尊思孟与尊《孟子》《中庸》是同一含义。为什么理学大家尊孟又尊《中庸》？这与佛教的影响以及儒学的哲学改造分不开。

你最后专章论述二程如何论《孟》与《中庸》，专章论述朱子论《孟》与《中庸》，对《四书集注》中的《孟子集注》、《中庸章句》做详细分析。不能像现在稿子这样概论式地叙述。

你稿子 P49—P60 的许多观点都可以用，现在的不足是，微观的分析尚有欠缺，这可在分析"二程与孟"、"朱子与孟"中得到

① 现为陕西师范大学文学院教授、博士生导师，时在西北大学中国思想文化研究所攻读博士学位，学位论文题目为《两宋孟学研究》，人民出版社 2007 年版。

解决。

科学工作是艰苦的，毋怪乎马克思将科学研究形象地称为"地狱之入口"。只有付出艰苦劳动的人才能在科学上取得一定的成果。

你的论文基础不错，文字清楚流畅，再努一把力，争取写出好的博士论文来。

即祝

进步

张岂之

2004.3.10

# 清華大學

1

周淑萍同志：

你的博士论文《两宋孟学研究》，我用了两天时间读完，总体上觉得不错，有观点，也有材料，读起来引人入胜。这篇论文的基础不错。

但你的论文中也有一个最大的缺点就是对两宋时孟学研究，面不够，而且剖析不细致。你的第二章两宋时期孟子的升格运动太大，但在学问上没有讲清楚，像[illegible]论孟、二程论孟、朱子论孟都应当分章详述，作详细的分析。不能笼统地叙述。谈《孟子》不能不谈《中庸》，[illegible][illegible]

年　月　日

2

清華大學

《中庸》为《礼记》中之一篇，乃子思所著作，尊思孟与尊孟子、《中庸》是同一含义。为什么理学大家尊孟又尊中庸？这个体系的形成以及儒学之哲学化是分不开的。

你最后要详述二程如何论《孟》与《中庸》，要详述朱子论《孟》与《中庸》，对《四书集注》中之《孟子集注》、《中庸章句》做详细之分析。不能像现在稿子这样概括式地叙述。

你稿子P.49—P.63之评为败点都不够用，致使不足之处，微观分析尚有不足，但个不足是乃要分析二程与孟、朱子与孟中得以解决。

年　月　日

3

清華大學

科学工作是艰苦的，毋怪乎马克思将科学研究形象地称之为"地狱之入口"。只有付出艰苦劳动的人才能在科学上取得一定的成果。

你的论文基础不错，文字清楚流畅，再努一把力可以写出好的博士论文来。祝

进步

张岂之

2004.3.10

年 月 日

## 致宋玉波

小宋①：

你读博士生第一年，暂不要阅读佛经一类的书，因为你写的文章已经有些地方太晦涩了(你的硕士论文)。第一年，你再把中国思想史读一读，而且读读二十世纪大学者的书，胡适的论学著作一定要读的，你看他把自己的研究心得是如何表述的；他是如何"拿出证据来"的。侯外老的《中国思想通史》可以再读，这又是另一种研究路径。冯友兰先生的书也可以看看，各大家关于中国思想史的书都可以看。另外，先秦诸子的书要读，而且读得细一点，这需要依据有权威性的注本。应具备一些训诂、考据的知识，不必听课，自己看书即可。第一年读书，我看大致如此。暂不考虑博士论文题，暂不读佛经，先再打基础，第一年读书有心得，也可以写点论文，但不必花太多时间。学校规定需要有发表的几篇论文。当然，英语是非学不可的。

此祝好

张岂之

2000 年 6 月 18 日

① 现为西北大学中国思想文化研究所副教授，时在所攻读博士学位，学位论文题目是《佛教中国化历程研究》，陕西人民出版社 2012 年版。

## / 致宁国良 /

国良[①]同志：

你的信和开题报告今天上午收到，我很高兴，仔细看过后立即给你回信。

选题比较好。这是一个“中等”(不一定准确)题目，不大不小，有可能写出一些新意，而且通过博士论文看出作者的知识面和驾驭资料的能力。区域文化需要研究，不仅是器物，而且包含思想性的东西。这个题目有助于将文献资料和实物资料结合起来研究。

我这里想提一点，最好在题目允许的范围内从器物看文化、看思想，你试试看。最近我参加一个关于中华优秀文化研究著作的评审会，参评的一本书，名《楚文化与漆器研究》(湖北文物考古研究所)，会上的考古学家极力推荐，我不懂考古，翻了这部书，直觉的印象觉得好，通过漆器看楚文化，深受启发。我想，有时也可以通过器物去看思想，当然这需要严密的论证，不能随意发挥，如果做好了，就是对于中国思想史研究的点滴贡献。因此，我建议，



① 即宁国良同志，现为湘潭大学继续教育学院院长，湘潭大学招生与就业处处长，教授、博士生导师，时在西北大学中国思想文化研究所攻读博士学位，学位论文题目为《春秋战国时期楚国道家思想研究》。

你不仅要注意地下文献，而且要注意地下实物，并予以科学的分析，提升到思想的高度加以论述。你面对三方面的资料：1）地下文书；2）传世文献；3）器物。如果你将三方面变成一个总体，进行分析，你的论文将别开生面，你试试看。不要把所有的注意力都放在地下文书的解释上。我希望你的论文能展示你对资料掌握的本领，这是博士应当具备的基本条件。

通过你的提纲，似乎觉得你对楚文化中的器物注意不够，关于器物内在思想文化的关注也不够，可否试着增加这样一个视角，如何？请酌。当然，我们研究器物和考古学家不同，器物是人制造的，在器物里是否体现了人的意识和社会意识？可能有的，你提纲中有一句话："从最新考古发现可以找到许多材料证明楚国的地域文化与道家哲学的内在联系。"很好！这个视角和观点，在你的论文中应展开说明；说明并不离开主题，恰到好处。将来你的论文写成，我将注意你在这一点上做得如何。努一把力，在博士论文方面展示一下风采，如何？我想这是可以做到的。我只提这么一点意见，供你参考。你的论文开题报告，是经过我们研究所许多老师的帮助才定型的，应当谢谢他们。

祝好！

张岂之

2004.10.17

## / 致潘俊杰 /

俊杰[①]同志：

你10月8日给我的信和选题已收到。你自我介绍很详细，给我的印象是：你对求学有相当的执着精神，而且吃过苦，经过一些磨难——这些我觉得都是你的宝贵财富。研究人文学科，如果没有相当的人生阅历，那是很难做好的。对你来说，珍惜现在做学问的好时光就有了更加重要的意义。

关于选题我仔细看了两遍，而且再三斟酌，有一点担心，像你设想的这样，是否会写得太一般？面面俱到，谈的问题很多，归结不到一两点上，也就是说题目有些宽泛。是不是这样呢？请你再想一想，先不忙定。

什么是文化观？你在提纲里说："凡是能使人称其为人的东西，就是文化。"这个定义不错，但太宽太泛，如果以此为准，去写先秦诸子，等于要写一部《先秦人学史》，按时间和精力，你现在尚早一些，似不宜做这么大的题目。

你拟的论文提纲也太宽、太泛，好像有些无所不包的样子。将来在对论文的评价方面也许会带来一些困难。

---

① 即潘俊杰同志，现为中国石油大学人文学院副教授，时在西北大学中国思想文化研究所攻读博士学位，学位论文题目为《先秦杂家研究》，陕西人民出版社2011年版。

我建议你从这个大题目里找一个较小的题目来做，也显示你对资料掌握的本领；在资料的理解和鉴别上表现出应有的水平，同时要有相应的理论分析，观点有一定的新意。按此要求，你去选一个较小的题目。

你收到我的信后，请去拜访方光华老师，将此信给他看，征求他的意见。具体的题目是什么？

我想到的题目供你参考，是：

1.《先秦时期"杂家"思想研究》，班固《汉书·艺文志》中提到思想上的十家，其中有"杂家"。何谓杂家？写得深一些，在资料分析上细一些。有哪些有代表性的著作？有何学术意义？当然亦可不限于先秦，可以包括西汉。可否试试这个题目？可以写得具体一些。

2.《战国时期"名辩"思潮研究》。

请你斟酌。你和方老师谈过以后，还有什么想法请再告诉我。总之，博士论文不宜太大，大题目可以放在毕业以后再做，如何？

祝好

张岂之

2004.10.17

## 致王雪

王雪①同学：

你写的提纲《综合与创新》，副题《〈淮南子〉思想论析》，我已收到。你做这个提纲是下了功夫的。

分析《淮南子》除去它本身的若干思想要点（正是你提纲中所提到的），还要从更加宽阔的思想背景去分析。这个"思想背景"似可称为"儒、道融合"。我一直有一个看法：从战国末到秦、汉直至魏晋时期，约600多年时间，儒、道融合经过了三个阶段：

第一阶段：可以《吕氏春秋》一书为例证。

第二阶段：可以《淮南子》为代表。

第三阶段：魏晋玄学。

如果三阶段可以成立的话，那么，写《淮南子》时就要和《吕氏春秋》比较，有何不同？在儒、道融合上有什么进展？也需要和魏晋玄学作些比较。不过，要注意的是，这种"比较"是为了阐述《淮南子》的特色，而不是平均地、不分轻重地论述，因而在比较中《吕氏春秋》和魏晋玄学所占的份量并不重，它们只是用来说明《淮南子》的思想特色。

① 现为西安电子科技大学人文学院副教授，时在西北大学中国思想文化研究所攻读博士学位，学位论文题目为《〈淮南子〉哲学思想研究》，陕西人民出版社2007年版。

这个问题，请你注意一下。总之，你的论文不要写成平铺直叙《淮南子》一书的思想 A、B、C……等等，而要放在较宽的历史中，在比较中去说明《淮南子》的思想特色。

至于全文应有怎样的结构，请你思考、决定。

另外，在 20 世纪，我国学者研究《淮南子》一书的记录并不少见，因此，我建议你专门写一章：评 20 世纪关于《淮南子》一书研究成果，摘其最主要的、有代表性的论著加以评论。

照以上的要求看来，你论文还要再拓展一些，再下一些功夫，使之真正成为博士论文。

以上的两点建议供你参考。如果只是平铺直叙地说《淮南子》一书有哪些要点，引证一些材料加以解析作证，那还是平面化的东西，见不出你自己的功力，见不出你论文已经达到怎样的高度，所以要注意我在上面提到的两个问题。

不要怕困难，有困难才会有高质量；不要以为自己达不到，完全可以达到的，只要下决心去研究，就有可能做出好的博士论文来。我和谢老师都希望你能写出好的博士论文。

祝

进步

张岂之

2004.10.20

第 1 页

王勇同学：

你写的提纲《统合与创新》，副题《〈淮南子〉思想试析》，我已看到。你做这个提纲是下了功夫的。

分析《淮南子》除了它本身的若干思想要点（这些在你提纲中都提到了），还要从更加宽阔的思想背景去分析。这个"思想背景"似可称为"儒、道融合"。

我一直有个看法：从战国末叶、汉至魏晋时期，约600多年时间，儒、道融合经过了三个阶段：

第一阶段：可以《吕氏春秋》一书为例证。

第二阶段：可以《淮南子》为代表。

第三阶段：魏晋玄学。

对这三阶段可以或详或略，都写，写《淮南子》时就要和《吕氏春秋》比较，有何不同？在儒、道融合上有什

20×15=300　　中华炎黄文化研究会　稿纸

第 2 页

么进步？也需要和《旧唐书》等作些比较。不过，更重要的是，这种"比较"是为了阐述《淮南子》的特色，而不是平均地、不分轻重地论述，因而在比较中，《史记·货殖列传》和《汉书》之等仅为陪衬而已，更多的"比"是用来论证《淮南子》的思想特色。

这个问题，请你考虑一下。总之，你的论文不能写成平铺直叙《淮南子》一书的论点A、B、C……等等，而要放在较宽的历史中，在比较中去论证《淮南子》的思想特色。

至于全文应有怎样的结构，请你思考、决定。

另外，在20世纪，研究《淮南子》一书的论著甚多，因此，我建议你写有第一章：评20世纪关于《淮南子》一书的研究成果，摘其要者，并作适当的论析加以评论。

照以上的意见看来，你的论文还要有较大的修改，还要

中国思想史研究会 稿纸

第 3 页

再下一些功夫，使之真正成为博士论文。

以上几点意见供你参考。总体只是平铺直叙地说明了一些有哪些要点，引证上也有排比加上了简单的论述，都还是平面化的事实，表现不出你自己的功力，也不能使论文达到应有的高度，所以还要注意在这些方面有所提高。

不要怕困难，有困难才会有质量；不要以为自己达不到，完全可以达到的，只要下决心去研究，你有可能做出好的博士论文来。我和谢老师都希望你能写出好的博士论文。

祝 好

岂之

2004.10.20.

20×15=300　　中华炎黄文化研究会　稿纸

## 致陈战峰

第一封

战峰①同志：

你给我的信和文章《郭店楚简〈五行〉篇的体系性探索》都已仔细看过。我很高兴，文章比较规范，引证原始材料，参考其他学者的研究成果都有注明；文字清通；逻辑性强。有一点新意，即探索郭店楚简《五行》篇的内在逻辑联系。如果说还有不足，则在于将简文与传世文的对照还不够。再，在你打印稿的第 9 页上有一个简表，使人看不清楚，有那么复杂吗？另，小注“和合”，与古代儒家的哲理观已相距甚远，在引论作注时不要轻易地将近人的解释附会到原典上去。

现在练习作文，不是为了在论文答辩前必须发表三篇文章，而是为了提高水平。如果只是着眼于发表，肯定会极大地限制自己的思维。我不赞成这一规定，认为它违反人文学术的规律，总有一天会取消的。学界的“急功近利”、浮躁之风大多与这些陈规陋习有关。你的这篇习作基本上达到发表的水平，可请茂泽同志转西大学报或其他杂志。即祝

进步

张岂之

2003. 3. 16

① 即陈战峰同志，现为西北大学中国思想文化研究所副教授，时在研究所攻读博士学位，学位论文题目为《宋代〈诗经〉学与理学》，陕西人民出版社 2006 年版。

## 第二封

战峰同志：

你10月12日函今天已收到。从你信上看，你在继续做博士论文，力求完善些、质量高些。

关于朱熹的诗经学，今年夏季清华大学美术学院博士后邹其昌（他的编制在武汉理工大学艺术与设计学院）同志送我他的一本书，名：《朱熹诗经诠释学美学研究》。我大体看了一遍，觉得其书导论，以《诗》谈《诗》有一定深度。这本书我原准备十月间返校时带给你做参考，十月有事未能成行，十一月是一定要回去的，你参考后看看如何。

朱熹注《四书》，又解《诗经》，肯定这二者间有思想学术的联系，至于联系在哪里，这正是你要研究的重要问题，这个"联系"点如果做得好，那你的论文就有了中心；如果联系不好，仍然是"两张皮"，那就等于未能完成论文的研究。另外，你不只是做朱熹的诗经学，而是宋代诗经学，这又增加了一层困难，就要求把朱熹的诗经学与其他诸家进行比较，概括出若干点来，这一步工作也是不易做的。不仅如此，从诗经学里还要看到与理学的联系（是怎样的一种联系呢?），这又是一个难点。总之，你的论文的难点是不少的。一篇博士论文如果没有难点，那就显示不出功力来；唯其有难度，才有做头，也才有趣味，才能培养科研的能力。理学是什么？理学是宋代儒学，被称为“新儒学”，与先秦时期的儒学不同，因为它吸收了不少佛学的思维方法；这些与《诗经》学又有何关系？总之，需要处理的问题是不少的。你不要担心，也不必着急，我相信你是能做得好的！

祝

进步

张岂之<br>2004.10.22 重阳节

㊵㊂㊶

第三封

陈战峰同志：

你的博士论文稿《宋代〈诗经〉学与理学》打印稿，我已读过。这是一篇下了功夫的论文，至于质量，要由专家们去评审，我们自己不宜有先入主见。只要是真正下了功夫的，就具备了向专家们请教的条件，现在话只能说到这里。

在论文"导论"中，论及现代《诗经》的思想史研究，只提到外庐先生和汉生先生，我有些不安。郭沫若先生、范文澜先生等从文化史、社会史研究角度，对《诗经》也很重视，并有不少新见。闻一多先生长期讲授《诗经》、《楚辞》，心得很多。至于王国维、陈寅恪，对《诗经》有无独到研究，也要查一查。关于近代诸家对《诗经》研究，有一个字数不多的概述，然后以侯、邱两先生的心得（从中国思想史角度研究《诗经》）为重点分析，这样做似乎全面些。

你打印稿的P17对我在《中国近代史学学术史・序》中的几句话作了过头的评价，这种提法，为"被张岂之先生等加以明确和强调，成为在新时期推进和拓宽思想史的主导方法"，不妥，只能说是一种看法，并不是什么"主导方法"。关于思想史与学术史的结合，近代我国的一些大家早有论述，如梁启超、钱穆先生等。外庐先生在抗日战争时期出版的《中国近世思想学说史》，其中关于谭嗣同、章太炎、王国维这三位大家的分析，使学术思想史的研究达到很高水平。可惜这些你都没有看，只看到我的一篇小序，又作了过头的评价，令我不安。

“分论”的第五章第三节关于段昌武、谢枋得、王应麟的《诗经》学，读起来不甚清楚，请再作些修改。

在谈宋代某些大家关于《诗经》的研究时，似缺少用自己的话清楚明白地进行总括的几句话，画龙点睛，能补一补吗？请酌。

“结论”P209—P210 给人以匆匆结束的感觉。虽然论文的主题是谈宋代的《诗经》学，但清代的几位大儒，特别是王夫之，从思想史角度剖析《诗经》，对中国古典哲学进行了深刻的总结，至少要有一段文字提到他。乾嘉考据，对《诗经》研究，亦有开创性贡献，如有可能，提一两句即可。

论文结构有“导论”、“概论”、“分论”、“结论”，妥否？请酌。

“导论”是必要的，应着重说明题目是《宋代〈诗经〉学与理学》，从中国思想史学术角度研究《诗经》，不是从中国文学史学术角度来研究，因此，你的研究方法可以归纳为……现在“导论”写得不太理想。

总之，你的这篇论文是下了功夫的。我以上的意见供你参考。还有时间，可以再作一些修改，使之接近于比较完善。学无止境。

祝

进步

张岂之

2005.3.2

P.1

陈战峰同志：

你的博士论文稿《宋代〈诗经〉学与理学》打印稿，我已读过。这是一篇下了功夫的论文，至于质量，要由专家们去评审，我们自己不宜有先入主见。只要是真正下了功夫的，就具备了向专家们请教的条件，现在谈只能谈谈直觉。

在论文"导论"中，论及现代诗经的思路史研究，只提到胡朴安先生和[illegible]先生，我有些不安。郭沫若先生、范文澜先生等从文化史、社会史研究角度，对《诗经》也很重视，并有不少新见。闻一多先生在昆明讲授《诗经》、《楚辞》，心得很多。至于王国维、陈寅恪，对《诗经》有无独到研究，也要查一查。关于近现代诸家对《诗经》研究，有一个字数不多的概述，

P.2

然后以后，即略谈你的心得（从中国思想史角度研究《谭嗣同》）看来上面分析，已经做似乎全面些。

你打印稿的只同时对我在《中国近代史学学术史序》中的几句话作了过头的评价，这种提法，为"谭嗣同先生等加以明确和强调，成为当时期批判继承研究思想史的主导方法。"不妥，只能说是一种方法，并不是什么"主导方法"。关于近代史学学术史的体会，近代我国的一些大家早有论述，如梁启超、钱穆先生等。外庐先生在抗日战争时期出版的《中国近代思想学术史》，其中关于谭嗣同、章太炎、王国维这三位大家的分析，使学术思想史的研究达到很高水平。可惜这些你都没有看，只看到我的一篇小序，又作了过头的评价，令我不安。

P.7

5.论文第五章第二节关于段昌武、谢枋得、王应麟的《诗经》学，读起来不甚清楚，请再作些修改。

在谈宋代某些大家关于《诗经》的研究时，似缺少用自己的话清楚明白地进行总括的几句话，画龙点睛，能补一补为好，请酌。

结论P.209—P.210给人以两次结束的感觉。虽然论文的主题是谈宋代的《诗经》学，但清代的几位大儒，特别是王夫之，从思想史角度剖析《诗经》，对中国古典哲学进行了深刻的阐述，至少要有一段文字提到他。乾嘉以后，对《诗经》研究亦有开创性贡献的学者可酌提一两句即可。

论文结构均有"导论"、"概说"、"余论"、"结论"，是否？请酌。

P.4

"导论"是必要的，在前言说的题目是《宋代诗话与理学》，从中国思想史学术角度研究《诗话》，不是从中国文学史学术角度来研究，因此，你的研究方法可以归纳为——。现在的"导论"写得不太理想。

总之你的这篇论文是下了功夫的。我以上的意见供你参考。还有时间，可以補做一些修改，使之接近于比较完善。学无止境。祝

进步

[illegible]

2005，5，2

第四封

战峰：

《侯外庐全集》即将完工，出版社要我写一篇序。稿，七成，达到公开发表，估计还要有一段修改过程。我不想写得太长，结果也有五六千字吧。

《宋明理学史》没有收入《全集》，因为撰写《宋明理学史》时外庐先生已卧病于床，主要是邱汉生先生指导写成的。将来出集子，放在邱汉生先生全集内，比较合适。《宋明理学史》一书的一些主要章节，有些也是汉生先生写成的。

请你用电脑“打”一下，并注意字句的调节、修正。这样，来回修改几次，也许可以达到定稿的目标吧。

张

2015.1.28

第五封

战峰：

《华夏文化》是中华优秀传统文化的普及读物，文章一般不要超过3000字。这个方针，我希望基本能够落实。满篇引证史料的文章，可在专业杂志如学报上发表。深刻的道理用浅显的文字也可以表达出来的。简短文章的可读性不只是表现在文字上，而且在内容上也要求可读、读者喜欢读。请在审稿时注意这个问题，逐步加以解决。祝好。

张岂之

2016.1.26

## 致张瑞雪

第一封

张瑞雪[①]同志：

谢阳举教授已将你的《先秦儒家法思想中的“人”与“法”》(开题报告)寄我。我仔细看了，有两个印象，一个是，你的信心很足，认为自己可以做好这个课题；再一个是，论文的章节目录尚嫌粗糙，这是正常的，因为正在“开题”思考阶段，研究过程尚未充分展开；随着研究的深化，章节目录将会有很大的变动。

写先秦儒家法思想中的“人”与“法”，不能不和当时法家思想进行比较，我看了你的开题报告，对这一点印象不深，看不出儒家之“法”与法家之“法”有何异同，而且对法家的论述也没有用地下文书及有关研究成果，给人一个印象，好像只在儒家范围内从概念到概念地进行论述。

儒家之“法”论也需要和道家之“法”进行比较，这在开题报告中好像也没有分析说明。

我希望你的这篇论文能有比较研究，从比较研究中确定儒家关于“法”与“人”的论述。

你先研究先秦法家如何论述“法”，论述法家之“法”与道家之

① 现为西北大学马克思主义学院(哲学与社会学学院)教师，时在西北大学中国思想文化研究所攻读博士学位，学位论文题目是《先秦儒家法思想研究》。

“道”的关系，然后和儒家之“人”与“法”进行比较，归纳出几点来，“道”、“德”、“法”、“人”、“仁”等范畴均需做深入分析。而且不能只是从概念到概念地分析，要结合先秦时期的一些史实进行分析。这样，你的论文才能“立”得起来。从你的开题报告来看，距离这样的要求还远，需要有耐心，不要着急。

孔子51岁时出任鲁国中都宰，后升任司空、司寇，他有什么政治理想，采取怎样的政治措施？这和他的“法”思想有无关系？

只谈孔子不够，孟子如何理解“法”？与孔子有何异同？荀子沟通儒家与法家，达到怎样的高度？这也要做具体分析。

先秦儒家关于“法”、“人”理论对后代有何影响？等等。

以上这些问题，我从你的开题报告中均未找到眉目，所以我说你的开题报告需要继续补充，要有具体的历史分析，不能只是从概念到概念。

你的论文题目不必变，因为你已研究了一个时期，这个题目可以做下去，也可以做好。需要再下功夫。不要求快。火候不到，煮出的东西不好吃。我相信，你会把论文做好的，争取写成一篇优秀的博士论文。

祝好

张岂之

2004.12.18

孙瑞蓉同志：

谢阳举转来你的《先秦儒家思想中的"人"与"情"》（开题报告）稿。我仔细看了，有两个印象，一个是，你的写作很认真，不为自己和他人留下任何问题；另一个是，论文的章节目录尚嫌粗糙，这是正常的，因为还在"开题"思考阶段，研究过程尚未充分展开；随着研究的深化，章节目录将会有很大的变动。

研究先秦儒家思想中的"人"与"情"，不能不和当时诸子思想进行比较，我看了你的开题报告，对这一点印象不深，意思是儒家之"情"与法家之"情"有何异同，而当时法家的认识也没有用比较方法进行有关研究成果，给人一个印象，好像只在儒家范围内从概念到概念地进行论述。

儒家之"情"论也需要和道家之"情"进行比较，这在开题报告中好像也没有分析说明。

希望你的目前论文能有比较研究，从比较研究中确定

清华大学　　20×20=400

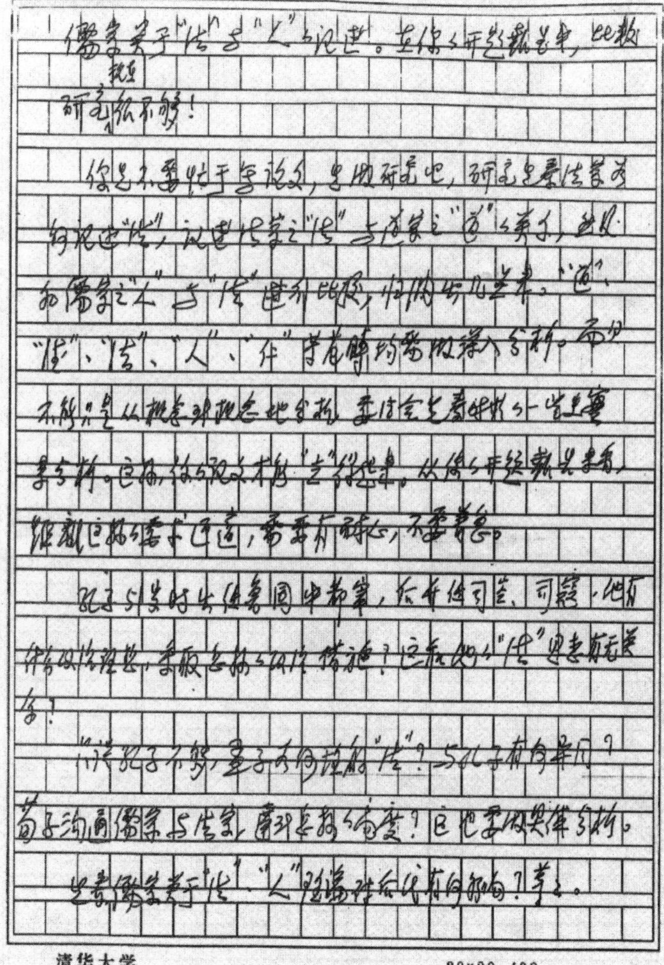



儒家关于"法"与"人"的论述。在你的开题报告中，比较研究得不够！

你还不要忙于写论文，先做研究吧，研究先要法家的论述"法"，论述法家之"法"与道家之"道"之关系，然后和儒家之"人"与"法"进行比较，归纳出几方面。"道"、"法"、"德"、"人"、"术"等范畴均要做深入分析，而且不能只是从概念到概念地分析，要结合它产生的那个时代的重要事分析。这样，论文就不会有"空"的毛病。从你的开题报告来看，距离这样的要求还远，需要有耐心，不要着急。

孔子与荀子时代的国家制度，包括司法、司寇，他们的治理，采取怎样的政治措施？这与他们的"法"思想有无关系？

从孔子到荀子，孟子有何理解的"法"？与孔子有何异同？荀子沟通儒家与法家，有何具体的态度？这也要做具体分析。

先秦儒家关于"法"、"人"的论述对后代有何影响？等等。

第 3 页共　页

以上这些问题，我从你的开题报告中都未找到答案，所以我说你的开题报告需要把它充实，要有具体的资料分析，不能只是从概念到概念。

你的论文题目不好变，因为你已研究了一个时期，这个问题可以做下去，也可以做好。需要再下功夫，不要求快，火候不到，煮出的东西不好吃。我相信，你会把论文做好的，争取写成一篇优秀的博士论文。　祝好

张岂之

2004，12，18

清华大学　　20x20=400

第二封

张瑞雪同学：

你的论文我看了，角度比较新，不过，中间有些论述尚需进一步补充。我将意见写在你稿本的边上，用铅笔写的，供你参考。关于儒家之“礼”与法家之“法”，请你找李桂民同志谈一谈，他对此问题颇有一些研究。

祝好

张岂之

2006.4.6

# 致王宝峰

王宝峰[①]同志：

你的博士论文开题报告《天理与人欲：明末儒学思想》已经收到。

我仔细看了你的"开题报告"，觉得你还是用了功夫的。由于是"开题"，正式的研究尚未开始，现在草拟的写作提纲只是一种设想，随着研究的深入，对这个提纲会作多处修改，甚至重写。

关于明末思想，在20世纪，有些学者着重研究过，如容肇祖先生，1946年至1950年我在北大哲学系读书，"中国哲学史"课就是听容先生讲的，他写的《明代思想史》，现在来看，还是简略了一些。再一位是嵇文甫先生，原在河南大学做教授，对明代思想颇有研究。容、嵇两位前辈的书还是要读一读的。

外庐先生，对于明末思想，也是很关注的，从他在上个世纪编著的《中国思想通史》第4卷可以看得清楚。不过，关于明末传入的基督教以及若干西方文明，否定得太多了一些。在《中国思想通史》第4卷中，李贽章是邱汉生先生执笔，写得好，又经外庐先

① 现为西北大学马克思主义学院（哲学与社会学学院）教师，时在西北大学中国思想文化研究所攻读博士学位，学位论文题目是《李贽儒学思想研究》，人民出版社2012年版。

生修改定稿。东林党章是我执笔,后由外庐先生修改定稿。

西方关于中国明末思想也有一些专著。最近张国刚教授送我的《从中西初识到礼仪之争》(副标题是:明清传教士与中西文化交流),人民出版社出版,可参阅。关于利玛窦的研究也出了不少,《利玛窦中国札记》(中华书局)是一本有学术意义的书。

我建议你从“中国儒学的历史命运”这个角度思考问题。在唐、宋,中国儒学的历史命运,集中到一点,就是如何融合外来文化(佛教),终于在宋代产生了“理学”。儒学到明代,其历史命运又有了新问题,不仅是有些地区商品经济的发展,而且有专制政治的强化,还有西学的开始传入等,儒学如何对待?儒学的神圣地位受到挑战,李贽的批判就是明显的例子;还有,儒学的改造采取了新的步伐,这就是泰州学派所强调的“民生日用之学”,想把孔夫子从庙堂拉到日用百姓之中。因此,研究明代儒学的历史命运,这是一个很有趣的问题。由于满人入关,历史进入清代,当时思想界的主题已经不是明末那样,但明末提出的问题并未解决。

我建议你把思路再打开一些。现在从你写的提纲中还看不出有多少深入的见解,只是觉得你的思路尚不够开阔。这是必然的,刚刚“开题”,研究过程尚未展开。不要太急,一定要研究;在研究中产生观点,使你的提纲更加完善,而且有新意。泰州学派不要忽略。

从你提纲中可以看出,你在进度上考虑得多些,在深入、细致方面想得少一些。不要太急。就做这个题目,改为《明末儒学思想的历史考察》,亦可。要研究明代历史,不仅仅是商品经济,从政治、经济、思想文化等方面进行研究。在研究实践中进一步使论点明确起来,那时再考虑章、节结构也不晚。

以上意见供你参考。

祝

进步

张岂之

2004.12.18

## /致沈秀芳/

沈秀芳[①]同志：

你的博士论文开题报告《清代墨学思想学术研究》已经收到。

你在第1页中有这样的话："关于《墨子》的译注也不少。全译本和选译本都很多。总体来看，译文较为准确、流畅的较多……"只从这句话我觉得你在古代文献方面可能缺少应有的基础。将古代文献译成现代汉语是不得已而为之的事情，在清代(1644—1911)没有什么人做这方面的事。你却将此做为一件重要的事来看，而且评价过高，说明你靠各种注解本去读墨家经典，是有困难的。因此你要做这个题目，首先要补一些课，读一些有关历史文献学方面的入门书，对目录学、训诂学等再打一打基础。你有志做这个题目，我是赞成的。

郑杰文《20世纪墨学研究》，是我组织的书稿，他在山东大学古籍研究所做研究工作，该书在资料的搜集上有独到之处，你不妨多翻一翻。

你做的博士论文题目，究竟如何定位？我觉得最好定位于两点。一点是，清代在整理、研究墨学中，在文献整理上有哪些重要

---

① 现为长安大学人文学院教师，时在西北大学中国思想文化研究所攻读博士学位，学位论文题目是《清代墨学学术研究》。

的进展？这是非谈不可的。也许这方面正是你的弱点所在，但不要怕，你可以边做论文边补课，而且要善于使用一些重要的工具书。再一点是，清代对墨学义理的研究比前人有哪些进展？这要做详细的分析，并加以理论的概括。比如，关于墨辩的分析，梁启超是作出过很大贡献的；究竟贡献在哪里？你要加以归纳说明。范围还是严格限于清代为好。

在清代，毕沅、王念孙、王闿运、陈澧、傅山等都是墨学研究的大家，他们在墨学文献研究方面的贡献巨大，应重点分析。清代以后梁启超、胡适、高亨、杨向奎、谭戒甫、沈有鼎等对墨学有新的阐发。你在研究中应抓住重点。

墨经、墨学名辩之学不好读，不能依靠今天的白话译本，你要靠各家的注解去读。我再说一遍，古籍的白话今译很不容易做，现在公认的不很多，有代表性的，一本是杨伯峻的《论语译注》，再一本是郭化若的《孙子兵法译注》。

你要有心理准备，你做的题目难度较大，看你有没有勇气做下去，我想你是有心理准备的。我期待着你在这方面做出好的成绩来。

至于论文写作提纲，现在你在“开题”中所写的只是一个初步的东西，随着研究的深入，你会有很大调整和改动的，比如你将清代墨学研究的基本成就只作为一节来写，而考据、校勘、训诂——墨子文本整理只是其中的一个子目，这就远远不够了，这从一个侧面反映，你尚未完全深入到课题之中。清代关于墨学文本的整理及其成就，也许要写两章才能过得去。既然主要是谈清代，清代以前的墨学研究，不要占较大篇幅，只需把问题指出就可以了。

我写出以上意见供你参考；只是参考，不见得每句话都说得准确。祝你在这个大问题上做出好成绩，就这个题目，做好，写出优秀的博士论文来。

祝好

张岂之

2004.12.19

## / 致李桂民 /

第一封

李桂民[①]同志：

你的博士论文《秩序与超越——原始儒家礼学思想研究》开题报告及章、节目录已收到。

清华大学彭林教授长期研究礼制，你的论文提要我想请他看一看，希望他能提出宝贵意见。不过，我从你草拟的章节目录中，觉得多少有些一般化，深度不够，这只是印象，我还没有来得及仔细研究。待彭林教授提出意见后，我再研究你的提纲，这可能要在半个月以后，不便于催促人家。一定要有耐心把论文做好，争取写成优秀博士论文。

祝好！

张岂之

2004.12.18

① 现为山东聊城大学历史文化与旅游学院教授，时在西北大学中国思想文化研究所攻读博士学位，学位论文题目为《荀子思想与战国时期的礼学思潮》，中国社会科学出版社2012年版。

第二封

桂民同志：

我很愉快地翻阅了你的论文:《荀子思想与战国时期的礼学思潮》,觉得这是一篇下了功夫且有若干创见的论文。当然,这要由论文答辩委员会的诸位先生去评定。对于你来说,你交出这本论文,可以说是“问心无愧”,三年多的时光没有白费,拿出了用力、用心思写的博士论文。

论文中“荀子之法与法家思想之比较”,甚好,有一定深度,似乎可以再展开一些。“结语”也好,引人思考,可以说是思想史研究中的“思想”,不过,似可再作些分析,比如,能否说从秦汉开始的中国封建专制主义,荀子是始作俑者?(谭嗣同就是这样说的)关于孟、荀异同,略写几句也有必要。

现在你要写一份能充分反映论文内容的提要,用很明确的文字表述,使答辩委员会的诸位先生能有一个非常清晰的印象。

此致

进步

张岂之

2006.4.6

## / 致肖建原 /

建原[①]同志：

你读书很认真，这很好。笔记已阅，所提意见供参考。

关于王夫之《老子衍·自序》的体会，笔记文稿：

P1“入其垒，袭其辎，暴其恃，而见其瑕矣”很重要，应解释；该页使用的“实有论”指什么，不很清楚。

P2谈及王夫之处理儒道关系的部分，二者相辅相成，以及他“强儒以合道，则诬儒”，没有进一步分析和展开。

P3“王夫之以万物实有解释天地自然之性，而且认为‘道’同样是实有之道”，请注意把握，王夫之本意强调不能离开万物而言“道”。

P4引《老子衍》第四十二章，谈道与万物的关系，以及万物化生的过程，不妨参考王夫之《张子正蒙注》，有异曲同工之妙；“王夫之的‘道’，既以万物实有为基础，表现于冲气阴阳的变化之中，而又是对万物实有变化的分析和对其本质统一的把握”，这一句不甚清楚。所说“儒家的实有之道”其实不是儒家实有之道，而是王夫之的唯物论之道。

① 即肖建原同志，现为陕西师范大学宗教研究所副教授，时在西北大学中国思想文化研究所攻读博士学位，学位论文题目是《王夫之对道家的研究与评价》。

该文稿多处出现“境界形态”一词,又未有明晰的界定和梳理,最好不用这样的词。

这部分笔记整体上的判断是不错的,但有些名词可不用。王夫之并非完全从儒家立场出发,他从老子哲学中吸取了什么?请酌。

从“有无之境”角度反思王夫之对老子的研究,请再找些大陆学者的相关著作读读。这部分 P3 谈王夫之“天人合一”论,没有从中国哲学整体上考虑,说得不清楚,亦不全面。

最好再看一些材料:

① 大陆学者对于王夫之的研究。论文集很多,请再阅读研究。

②《道德经》通行本与帛书本比较研究,国内学者有不少研究成果。香港学者刘笑敢有专著问世。你的笔记式论文在资料上显得不足。

③ 考虑王夫之哲学思想最好不要过于局限在儒、道两家的关系上立论。再开阔一些。

此外,你写的笔记,文字晦涩,许多名词术语似有堆砌之嫌。逻辑上还要不断加强。这些缺点和不足,需要在学习中逐步加以解决。

祝

进步

张岂之

2007.2.21

## 致张勇

张勇[1]：

你的笔记我翻阅了，给我的印象是：这是摘录式的笔记，还看不出你的理解。和肖建原同志的笔记有一个相同的弱点，就是看不出在文献学上的理解和心得。文献学是研究中国思想史的一个重要基础，前人在这方面有许多成果，近人如高亨教授等有不少贡献，可找些书来看看，例如高亨先生的《周易大传今注》值得一读。

有些属于精读一类的书，只是摘录一些是不够的，例如你笔记中有马克思《德意志意识形态》一书的笔记，只从这里还看不出你对此书理解的程度。此书有一个小注："我们仅仅知道一门唯一的科学，即历史科学。历史可以从两个方面来考察，可以把它划分为自然史和人类史。但这两方面是密切相联的；只要有人类存在，自然史和人类史就彼此相互制约。"尽管马克思在这里没有展开论说，但他在这个小注中提出"人类史"与"自然史"二者的相互制约，是很有意义的。从你的笔记中还看不出你对《德意志意识形态》理解到什么程度。

① 现为西安财经学院文学院副教授，时在西北大学中国思想文化研究所攻读博士学位，学位论文题目是《朱熹理学思想的形成与演变》。

写读书摘录式的笔记是可以的，但需要有一些自己的思想观点，这些不一定要详尽地写出来，用简洁的文字写出即可，可供日后参考。如有时间，可以看看列宁的《哲学笔记》，这不仅仅是摘录，还有列宁自己的观点，虽然他在表述自己观点的时候，用的文字是十分简洁的。

写博士论文参考的笔记，更加需要有自己的观点，虽然这些观点尚未展开，只是提出而已。如果你确定选朱子研究为博士论文题，在读朱子书时需要有摘录式笔记，也要有自己的观点，而且要和朱子年谱并读；知道是在哪一年、在什么背景下朱子讲什么话、写什么文章的。其中你自己有什么感想、心得，写几句（这些你在写论文时也许不用，但写几句心得可以帮助你构思，大有好处）。

以上意见供你参考。

张岂之

2006.2.2

西北大学中国思想文化研究所专用稿纸　　　　1

张勇：

你的笔记我翻阅了，给我的印象是：这是摘录式的笔记，还看不出你的理解。和有些同志的笔记有一个相同的弱点，就是看不出在文献学上的理解和心得。文献学是研究中国思想史的一个重要基础，前人在这方面有许多成果，近人如向宗鲁教授等有不少贡献，可找些书来看看，例如向宗鲁先生的《说苑校证》值得一读。

有些属于我这一类的书，只是摘录一些是不够的，例如你笔记中有关于《汉书·艺文志》部分一些的笔记，但从这里还看不出你对此书理解的

20×18＝360

2

程度。此处有一个小注："我们仅仅知道一门唯一的科学，即历史科学。历史可以从两个方面来考察，可以把它划分为自然史和人类史。但这两方面是密切相联的；只要有人类存在，自然史和人类史就彼此相互制约。"尽管马克思在这里没有展开论述，但他在这个小注中提出"人类史"与"自然史"二者的相互制约，是很有意义的。从你的笔记中还看不出你对《德意志意识形态》理解到什么程度。

写读书摘录式的笔记是可以的，但需要有一些自己的思考观点，这些不一定要详尽地写出来，用简洁的文字写出即可，可供日後参考。如有时间，可以看看列宁的《哲学笔记》，

3

这不仅仅是摘录，还有列出自己的观点，能使他在表述自己观点的时候，用的文字是十分简洁的。

写博士论文参考的笔记，更加需要有自己的观点，即使这些观点尚未展开，只是提出而已。为了你确定选朱子研究为博士论文题，在读朱子书时需要有摘录式笔记，也要有自己的观点，而且要把朱子年谱熟读；知道是在哪一年、在什么背景下朱子讲什么话、写什么文章的。其中你自己有什么感想、心得，写几句（这些你在写论文时也许不用，但写几句心得可以帮助你构思，大有好处）。

以上说供你参考。

岂之

2006，2，2.

## 致陈战峰、宋玉波

陈、宋：

小宋撰写的《天下大同》[①]稿，我因最近患牙龈肿痛，一直拖至今天。这一稿，小宋是下了很大功夫的。不过觉得斟酌之处仍然不少。

请战峰也帮着思考一下。

我看，近代部分将太平天国删去，说他是乌托邦社会主义，太高了，达不到。康有为《大同书》，对其内容似不必要介绍得太细，但要指出他并没有找到通向大同之路。孙中山的“天下为公”思想应当肯定，但是否就是“社会主义”？待考。列宁称孙中山是主观社会主义，资本主义的平均地权和节制资本就是这样的性质。但这不必提。孙中山“天下为公”的思想应当肯定，孙中山的“为大众服务”亦应肯定。

全文尚需做进一步研读，不妥处应当有所修改。

我想提一个建议：请战峰协助小宋，用些时间将全部文字“统”一遍，看看有没有不妥的叙述。用编辑的眼光来审看文字。

小宋全文没有“中国特色社会主义”这个名称，那就用社会主

① 张岂之主编《中华优秀传统文化核心理念丛书》(共13册)之一种，学习出版社2014年版。

义小康社会。在《中华优秀传统文化核心理念读本》我统稿时，用了这样的词："古人并没有找到通向大同之道路。我们正在建设的社会主义小康社会，会为未来的大同社会架起桥梁。"这是不能回避的。

我暂时不想再看核心理念小册子书稿，对此我有些疲劳，不仅是视觉疲劳，而且有些心思疲劳了。过些时间会好的。让我适当休息一下，换个题目思考。

张

2014.5.2 晚

## / 致陈战峰、宋玉波、夏绍熙 /

陈、宋、夏：

《大学的人文教育》[1]两本样书已收到，给你们一本看看。谢谢你们帮忙，否则此小书是出不了的。

印刷上，只在第 167 页第 13 行上有一个错字："研究、分解，吸收其精华……""解"为"析"之误排。

全书每一段都空一行，这样好还是不好？可能是学习西方书籍吧。这，我没有意见。

今年 5 月 11 日在武汉华中科技大学开"全国高校文化素质教育研讨会"，本书责编谢编辑邀我讲演并签名售书，但我因患牙病，已无力给学生讲演，只能在开幕式上讲几分钟话，因此"签名售书"作罢。待我过几天和谢编辑商量再说吧。

又及

2014.5.2

---

① 张岂之著《大学的人文教育》，商务印书馆 2014 年版。

## / 致陈战峰、郑熊 /

第一封

战峰、郑熊：

《中华优秀传统文化核心理念读本》，我整个看了一遍，有所删改。现在将稿本给你们，经过一些技术处理，即可给学习出版社编辑。《序》本来想再补充一些内容，由于天热，精力不济，不想增添了。

图片是不可少的，但要和编辑商量，每章都要有1—2幅，我们提出意见，由他们去做。

我还有一个想法，可否再搞一个附录，现有附录一、二，增加三：中国历史简要年表；既然是简要，就不能繁杂，从中国新石器时代开始，一直到中华人民共和国成立（年表下限到1949年10月1日中华人民共和国建立即可，需要十分简明）。唐末五代十国，只有五代之名，无十国之名。相应于公元多少年，在简要年表中应有明晰标识。此书中多处提出春秋战国、汉、唐、元、明、清，但这些朝代和历史均无与公元相应的年代标识，致使书稿的历史气息不够。既称之为简要年表，二三页即可，不可烦琐。

还有，在"厚德载物"章，关于欧洲自然法学，上次我提到，同页应有小注，请你们补上，在同页下注。如果你们找不出资料，请小谢查一下西方有关法学书籍，立刻就会找到的。

我之所以多次提出一些建议，是为了广大读者着想，他们如果没有一些历史知识，要读这本小书，也是很难的，给他们多一些帮助，是我们应尽的责任，因为我们毕竟是历史工作者，找书比较容易。现在书稿中的附录一、附录二，都很好，再有一个附录三：中国历史简要年表，会更好。

还有，“自强不息”章，有些删改，不可忽略。全稿有些重复，我尽可能地做了一些删改。

张

2012年6月23日（端午节）

第二封

郑熊、战峰：

学习出版社寄来的清样，字很小，我看起来十分吃力，请你们先看。需要斟酌的问题，请记录下来，待我研究，作出应有的判断。封面设计不好，我会坚持要他们重新设计，不能用红色，红色太浓，字太小，书名分两行排，看不清楚。我们提出正面的意见要他们重新设计。

张岂之

2012年9月7日

第三封

战峰、郑熊同志：

书稿校样，我看了几页，觉得视力不够，看不清楚，因此要请于薇同志重新考虑与此相关的一些问题。我用毛笔在校稿上提的意见，请勿删去。

看了郭沫若先生的《马克思进文庙》，就会知道，郭老早在上个世纪的20年代就认识到马克思与孔子是相通的。

张岂之

2012年9月11日

## / 致李友广 /

友广[1]同志：

你的出站报告《传道、出仕与早期儒者形象》，我已看过。你写这篇论文，是下了功夫的；有些论点启发性不小。我和谢阳举同志商量，出站报告需要请你们（还有另一位）在会议上将报告要点作一说明，听取与会者的意见，在此基础上，将导师和研究所的意见加以集中，形成一份书面材料，交有关方面，这才算是完成了出站手续，打算于今年六月初和博士生论文答辩同时举行。上午博士生答辩，下午博士后流动站举行出站报告会，如何？

在出站报告宣读要点前，还有一个多月时间，你可以抽出时间对你的论文再作些修改。比如，小注不要太多，尽量放在正文里，更加重要的一点是，如何使学术思路更加开阔一些？有些论点在阐述上和春秋战国时的中国社会历史加强一些联系，避免从概念到概念，这一点能做到多少算多少，如果缺少这方面的论述，就会影响你文章的深度。你的出站报告里引了马克思的话："人类创造自己的历史，但是他们并不是随心所欲的创造，并不是在他们自己选定的条件下创造。"中国早期儒家在什么条件下阐述

① 现为西北大学中国思想文化研究所副教授，时在研究所从事博士后研究工作。

他们的思想？造成他们的儒者形象？你只是提出了问题，没有完全解决这个问题。尽管你在文章里也分析了“社会的生存模式”对于儒家思想的影响，好像并没有找出问题的实质所在。

关于用词，我建议最好不用“秦帝国体制”这类词。秦汉按朝代分即可。

以上意见不见得都对，只是供你参考。

此致

敬礼

张岂之

2012年4月16日

## 致兰梁斌

第一封

兰梁斌[①]同学：

你的论文开题报告《20世纪中国自由主义思潮研究》可行。做这个题目并不容易。在研究方法上，一定要注意中国国情。既要有"全球思想史眼光"，又要有"中国国情的准确估计"，这两方面均不可少。

还有，作为政治思想中的一个流派：自由主义派，你需要对此有个通贯全局的定义（或者不叫定义，叫概念、范畴内涵的解释）。此外，马克思在《共产党宣言》论到人的自由、全面发展，这里的"自由"和中国近现代政治思想中的"自由主义"并不相同。

以上意见供你参考。

张岂之

2011.11.9



---

① 现为西北大学历史学院教师，时在研究所攻读博士学位，论文题目为《20世纪中国自由主义思潮研究》。

第二封

兰梁斌同学：

《20世纪中国自由主义思潮研究》，这篇学位论文是下了功夫的。

不足之处在于论述较为一般，在理论上距离“深刻”还远。最大的不足在于：1. 没有区别学术理论上的自由主义与政治思想上的自由主义；2. 立足于中国社会的特点是必要的，但中国社会的特点(最大最显著的特点)是什么？也就是说判断各种不同思想学术的尺度是什么？文内讲得不清楚，还有修改的余地。

关于中国古代的自由思想，与中国近代政治上的自由主义，完全是两回事。中国古代的自由，不论儒学、道家和禅宗，不在于他们是否用了自由理念，而在于他们都强调了“自”，即主体自觉。儒家倡导自尊、自信、自律、自省等等，一个“自”字，孔子曰：“人能弘道，非道弘人。”将人的自觉性提到很高的高度，但这些与中国近代政治上的自由主义不是一致的。中国古代道家倡导自立、自正、自化、自我、自定、自见、自胜等等，一个“自”字，强调的是自然而然地发生，本来就是这个状态，天然就是如此。这些与近代政治上的自由主义不是一样的。

严复对西学、国学都有研究，认为，中国圣贤对自由“敬畏”，不以自由之义教人。可见严复对中国传统文化中的“自”字的理解是正确的,不用西方的自由来诠释。孙中山先生说古代中国人民的自由很多,因而不必再宣传争取自由了。孙中山先生所指的情况是在中国封建社会里的小农,是否自由太多,那就值得研究了。

根据以上所论,我们对我国古代的自由观,要有一个准确的解说,不能硬套西方的自由观。

中国近代的自由主义,在学术思想上,在文化思想上有没有值得肯定的地方呢? 有。胡适、傅斯年等都有贡献。但他们对中国社会缺乏深入的研究,这主要表现在,他们都没有看出、没有找到改造中国的主力是什么,这就是广大的农民群众;中国近代的社会问题,要靠组织起来的农民才能解决;解决什么? 解决农民的土地问题。孙中山先生毕竟是革命家,他看出了农民的力量,主张“耕者有其田”。国民党在大陆执政期间没有解决这个问题。

1925 年毛泽东提出一个大问题:未来中国谁主沉浮? 毛泽东当时认为要靠中国共产党带领中国广大的农民群众。中共六大在莫斯科召开,决定开展武装斗争,将武装斗争与土地革命结合起来。

可以看出,近代中国的自由主义在政治上失败的主要原因在于,他们没有看到农民的力量,他们没有提出解决农民土地的方案。

近代中国的民族独立和现代化,归根到底要靠占中国人民大多数的农民去解决——这才是中国国情的核心。国民党在大陆执政之所以失败,不在于是否在文化上实行了自由主义,而在于他们离开了农民,离开了孙中山先生的“耕者有其田”。

1946年国共两党在东北开展武装斗争,但仅过三年,东北战役中,共产党获胜,打下了建立新中国的基础,因为中国共产党离开大城市(东北),到广大农村去进行土改,扩充解放军,终于取胜,奠定了全国胜利的基础。中国大学者大自由主义者胡适于1945年黯然离开北平,飞到南京,后再去美国。他的学问再好,但没有看到中国国情,没有物质力量,嘴上说改造中国,但是没有改造中国的物质力量,最后他到台湾,1962年辞世。胡适先生的一生表明:中国的自由主义者不与中国大多数人民结合,做不成事情。

你的论文对于中国社会的分析,单薄无力,强调中国自由主义者的贡献,不去充分分析他们的不足,这是不客观的。缺少对中国自由主义历史局限性的分析,也就不能客观地阐述他们的历史功绩。你论文中的"造成自由主义思潮在20世纪中国历史中曲折的原因分析",写得一般化,虽然你也承认中国的自由主义有很多方面的不足,但是最主要的不足,你没有讲清楚,这就是他们离开了人民的主体:工农!!!

我建议你把《结论:20世纪中国自由主义思潮的历史地位》再做修改、补充。

张岂之

2013年3月25日

## 致张俊杰

张俊杰①同学：

你原来是在西安音乐学院学习的，对历史和思想史的研究，是“自学”成才的。博士论文《天人秩序的重建——秦汉郊天礼的思想史研究》，就提纲来说，这个题目可以做，而且可以做好。但是还要研究：

1. 汉代（西汉）是在什么情况下才提出“天人秩序重建”问题的？这个问题需要用一些资料来说明。董仲舒的天人三策，被汉武帝接受，儒学成为主流思想，这样建立的天人秩序，对西汉的政治来说是起积极作用的。当时西汉王朝在世界上被认为是有高度文明的政治实体。

2. 在西汉，只有“天人秩序重建”够不够？可能不够，当时主流思想的结构，大体是：儒学（阴阳学说已被儒学化）与法家学说相结合，而且道家学说也有它的作用，司马迁与其父司马谈思想的道家色彩非常浓厚。这样看，西汉时期，由天人秩序重建，到政治秩序重建，再到文化秩序重建，能显示出特色。是否可以这样说：各家学说都找到自己的位置，主流的、非主流的，也就是说，在

① 现为西北大学艺术学院教师，时在研究所攻读博士学位，论文题目是《天人秩序的重建——秦汉郊天礼的思想史研究》。

西汉，政治与文化这二者结合得好，才有一个兴盛的西汉统一王朝出现，它对世界产生了影响。那么，谶纬学说为何产生？在西汉时期，谶纬学说是否也是当时政治思想中的一个组成部分？请研究。

3. 汉代祭天礼的特点是什么？两汉时期祭天与上述各个思想学派有何关系？在论文中也要有所论述。

还有，我校已故历史学家陈直先生，对《史记》、《汉书》有很深刻的研究，值得参考，但你论文提纲所附书目中，没有陈先生的著作，这应当补上，读一读。

再有，你的论文提纲，请阳举送给黄留珠教授看一看，请留珠教授加以指导。

张岂之

2012.11.3

## / 致李君 /

第一封

李君[①]同学：

你的学位论文开题报告我已看过，可行。

关于王夫之学术思想研究，从清末到民国，再到新中国，在很长的时间段里都受到学者们的重视，这为什么？简单的回答是：王夫之有丰富的学术材料，吸引着众多学者去研究。关于研究者，你将他们分类为传统派、科学派、马克思主义派，其实不必如此分；因为这种分法并不科学。按时代来分。梁启超、钱穆是一组，民国时期诸多学人去研究，至抗战时期侯外庐先生更加着力去研究。新中国成立后，为从中国传统哲学中寻求唯物论传统，张岱年先生等着重研究王夫之。而两湖（湖南、湖北）之士对船山情有独钟，有研究热情。仿佛西方研究康德、黑格尔一样。不要分派吧。要从各种研究中找出学者们的研究特色来，这不是“传统派”、“科学派”、“马克思主义派”的简单划分所能解决的问题。对研究者不要简单划派。

还有一点，学术史研究，是中国传统学术研究的延续。中国学术史从何时开始，有何特色？我曾为社会科学出版社的一套学

① 现为青岛大学师范学院教师，时在研究所攻读博士学位，题目为《王船山学术思想研究——以学术思想的传承与创新为视角》，花木兰文化出版社 2015 年版。

术史丛书写过一篇总序，你可找战峰，请他从电脑上下载，你再看看。

关于论文的结构，从天人之学开始，可行。易学放第二部分，可行。关于王夫之与佛学研究，可向龚杰教授请教。

你现在即可开始论文写作的第一步：做卡片，积累材料。

张岂之

2011年11月9日

第二封

李君同学：

你考入研究所读博士学位后，我请张茂泽同志对你进行具体指导。不知茂泽是否进行过具体的指导？请茂泽同志看一下这篇论文，帮你做出应有的修改补充（有一定深度），使论文的质量再提升一步，具有较深的理论分析。

从这篇论文的整体来看，你是下了功夫的，不过，在深度上需要再有一些提升，而且将王夫之与前人相比，其学术思想的发展表现在哪些方面，要加深分析。这篇论文似乎还缺少些什么，可能就是“深度”吧。现在还有时间，请茂泽和你商量，将论文在某些方面再做些提升，如何？

张岂之

2013 年 3 月 26 日

# / 致陈鑫 /

第一封

陈鑫[1]同学：

你的论文开题报告我已看过，觉得可行。

我对你研究的课题不熟悉，提不出具体的意见，只提一点供你参考。你的论文一定要把唯识学与胡塞尔现象学写成"浑然一体"的学术论文，不是两张皮。不同的历史时期，不同的国度，他们的哲学思想如何有"同"，还有"异"？要有说服力的理论论证。在论证中要有阐释，使人们能看得懂，知道作者在讲什么。必要的概念、范畴是不可少的，但是经过研究者的介绍，使读者知道这些概念、范畴的内涵是什么。读读朱光潜先生的美学文章（他在这方面进行过东、西比较），会有启发的。

张岂之

2011年11月9日

① 现为海南师范大学政法学院副教授，时在研究所攻读博士学位，论文题目是《两种思想视域中的意识与对象问题——佛教唯识学与胡塞尔现象学比较研究》，中国社会科学出版社2014年版。

## 第二封

陈鑫同学：

给你一张剪报，关于朱光潜先生美学思想研究。朱先生是“西方美学中国化”的倡导者，这个学术方向无疑是正确的。中西文化比较研究，究竟如何做？这是一个值得研究的问题。你虽然不研究美学，但是读一读朱先生的著作，可能从方法论上会得到一些启发。中西文化比较，如果是“两张皮”，那说明没有研究好；如何才能成为“浑然一体”，就需要研究，再研究。

张岂之

2011.11.10

## / 致雷蕾 /

雷蕾[①]同学：

你的论文开题报告《墨家伦理思想研究》，我已看过。

从你的开题报告中可以看出，你对墨家伦理思想研究的情况，好像还不是太熟悉，比如，抗日战争时期杜国庠先生对墨子思想作过全面研究，因而许多学者称他为"墨者杜老"。对墨子全面否定的学者，如郭沫若先生，他的《十批判书》中对墨子就是如此。你在墨学研究成果上，最好再下一番功夫。

你的论文主题是"墨家伦理思想研究"，什么是伦理思想？你需要一个界说，将论文的重点放在伦理思想的研究上，这一点，你的开题报告似乎还不太成熟。

你的开题报告与其他几位同学的开题报告比较起来，似乎还差些，可否请你与导师商量，在你所写开题报告的基础上再进一步提高？应当有信心！

张岂之

2011年11月9日

① 时在研究所攻读博士学位。

## 致柴永昌

柴永昌[①]同学：

你的博士论文准备写《德性与秩序：先秦时期道论研究》，我看了，认为可行。不过，令我担心的是，如果你不能从具体的历史分析着手，只是从概念到概念，那可能达不到应有的目标。

因此，你在准备中，要补补课，对历史上的两位皇帝——汉武帝和唐太宗作些分析，他们虽然不在你的论文时段内，但是，你有了一些对于中国进入"大一统"时期历史的具体把握后，再回头去看先秦时期各诸侯国的"君主"，也许会看得清楚些。

另外，先秦时期的若干有功业的"君主"，你要具体地加以分析，他们的得失在哪里？为什么会有这样那样的得失？一定要有具体的历史分析，论文才不致只在概念上打圈子。先秦时期的"百家"，特别是儒、墨、法、道这四家都有关于"君道"的论述，对典型材料进行具体分析，不要只限于一家，这样才能给人以较完整的印象。

论(理论)、人(君主)、事(具体的事)，对这三者进行具体分析，如果做得好，也将是一篇好的博士论文。你先试着看些材料，

---

① 现为陕西师范大学历史文化学院教师，时在研究所攻读博士学位，论文题目是《先秦诸子君道论研究》。

看是否可以达到我上面提出的一些要求。如何？

祝好

张岂之

2011年11月5日

## 致袁志伟

志伟[①]同学：

你的博士论文《10—12 世纪中国西北的思想与社会》，我已收到多日，由于事情太多，会议不少，来不及细看。10—12 世纪似乎面太宽，都写不深。在张载思想的论述上，要做到进一步深入，并不容易。你是否可以把精力放在中国少数民族思想上？按你的计划，从《福乐智慧》开始，试图说明，他（它）与汉族主流文化儒学的关系？将论证的中心放在中国国内民族文化的交流上，总结出一些经验来。关于佛教思想与辽王朝研究，同样把重点放在少数民族文化与汉文化的会通交流上。至于佛教与西夏社会，宁夏大学西夏学研究中心有一些成果，同样在于阐述汉文化与西夏文化的会通融合，进一步充实了中国优秀传统文化，体现了民族认同与文化认同。最好从这个根本立足点来进行研究。离开了这个立足点，拉的时间再长，铺的材料再多，也很难在理论上有所突破。一篇博士论文不要太长，20 万字以内足够，但立论要高，各个不同部分要有内在联系，形成一个完整的体系。

我一直呼吁研究中华民族的主体——汉族与少数民族文化

① 现为西北大学马克思主义学院（哲学与社会学学院）教师，时在研究所攻读博士学位，论文题目是《10—12 世纪中国北方民族的佛教思想与文化认同》。

之间在历史上的交流、会通,共同创造发展了中华优秀传统文化,要有较丰富的资料,还要有马克思主义的指导和理论提升。

你的开题是好的,与我上面的设想相符。但论文的结构不理想,没有主线贯穿,好像一本教科书一样,因此需要进一步研究博士论文的结构。

张岂之

2012年4月16日

## / 致韩永志 /

永志[①]同学：

你准备写的博士论文《侯外庐所有权思想研究》，从提纲和思路来看，是真正进行了研究，才写出的提纲，思路比较清晰。1954年外庐先生的《中国封建社会土地所有制形式的问题》，其基本原理是遵循马克思的历史唯物论的，也就是说，对马克思主义历史理论的叙述是准确的。而当时的中国史研究者，他们中不少人并没有深入研究过马克思关于历史理论的经典著作，只是从斯大林的关于历史唯物论的叙述出发，然后对外庐先生关于中国历史的理论任意上纲，甚至上升到"反对土地改革"这样的政治高度。

因而，你的这篇博士论文，力求做到外庐先生关于中国社会历史的分析，是真正遵循马克思原本的历史理论的，在这方面需要做仔细的论证，力争准确。看马、恩作品，要看人民出版社的最近版本，有怀疑的地方，甚至要查原来的德文版。从你写的论文提纲来看，对马克思原本的历史观是有所理解的。

除对马克思的准确理解外，对侯外庐学派中的白寿彝先生、韩国磐先生、李埏先生，甚至赵纪彬先生的著作，都要读一读，看

---

① 现为西安科技大学马克思主义学院教师，时在研究所攻读博士学位，论文题目是《侯外庐所有权思想研究》。

他们对侯外庐先生史学观、方法论的理解如何？尽管以前在我国历史学界有许多人不懂得外庐先生的历史理论，误解了，因而他的历史理论（包括所有权思想）并没有得到彰显。杨向奎先生部分接受了外庐先生的看法。

至于海外的华裔历史学家，还有外国历史学者，中间不乏有精深研究者，他们对外庐先生的史学理论有比较准确的理解。在这篇博士论文中最好也能有所反映。

我上面所讲的，归结到一点，在论文中应准确地介绍外庐先生对所有权观念的理解，是真正遵循马克思主义理论，并与中国社会实际相结合。

论文提纲，我仔细看了，是同意的，希望你能写好，写准确。我们研究所这么多年，还没有产生过一篇深入论述外庐先生历史理论的论文，只有聊城师院的李桂民在分析战国时期的中国社会时，对外庐先生的某些历史观点，加以论述。你的博士论文拟在这方面专门加以论述，我期待着你能拿出高质量的成果来。

张岂之<br>2012.11.3

## / 致梁红仙 /

梁红仙[①]同学：

你的论文，是下了功夫的，读了不少材料，有所分析和归纳，主题也好："思想与政治之间：唐玄宗时期政治思想研究"。第五章、第六章颇有见地。不足之处是：全文缺少一个精炼的概括，至于从思想理论上去看玄宗的政治思想，一般化的毛病还是有的。

建议将此文交给两位专家评审：1. 清华大学历史系张国刚教授；2. 北京大学历史系张帆教授。听听他们的意见，再做修改。

张岂之

2013年3月27日

稿本中的绪论不必引我的话，因为我的话是讲思想史研究的，与你的文章没有多大关系，不必引。

又及

① 现为渭南师范学院人文学院教师，时在研究所攻读博士学位，论文题目是《思想与政治之间：唐玄宗时期政治思想研究》。

## / 致张晓琼 /

张晓琼①同学：

你的研究生学位论文开题报告，我已看过。你在选题上做了比较充分的准备，查阅了一些资料，对于国内外研究现状有初步了解。我再提几点建议，供你参考。

1. 论文要写出中国先秦时期思想家们对于“敬”观念的阐述，而且要分析他们对此观念阐释的“同”和“异”，并进一步研究这些“同”与“异”是怎样产生的——这一点比较难，也正是你应当着重研究的一个重要问题，不要把论文写得太抽象；在抽象中应有具体的历史分析。

2. 主题侧重于先秦时期关于“敬”的分析，这是可以的，但是，在研究中还应当与后代思想家关于“敬”的阐述进行比较，从此看出先秦思想家们对于“敬”的理解与后代有所不同。至于这一点是否要在论文中写出，可以研究，但是在你讨论先秦时期思想家们对“敬”观念的阐述时，必须与后代进行比较。比如，南宋时期朱熹对“敬”有系统的阐述。外庐先生等的《宋明理学史》中关于朱熹理学思想的分析，就对朱熹的“持敬”说进行了较多的论述。

① 时在研究所攻读博士学位，论文题目是《先秦儒家“敬”论研究》。

这和先秦时思想家们有所不同。朱熹的《敬斋箴》在《宋明理学史》中全部引出，并译成现代汉语，可供参考。《宋明理学史》中说:“朱熹的持敬说为张栻主一说的发展。它们的老祖宗都是程颐的‘涵养须用敬’的说教。”并没有上推到先秦时期思想家关于‘敬’的论述，这样的论述能成立吗?

以上意见供你参考。

张岂之

2013 年 12 月 8 日

## 致朱军

朱军[①]同志：

论文在探讨元代理学的传承、创新上，比较完整，比前人有一定的进步，在元代理学的社会性论述上也有进步。

但这篇论文是否可以成为中国思想史中的一个断代思想史？值得思考。

从中国理学发展史上看，明代理学是宋元时期理学的进一步提升，若没有元代理学，也不会有明代理学，这需要从理学本身去找传承与发展的基本线索并加以论证，这样也就有了学术贡献。

这本论文只能算是完成了十分之七。不足之处是，元代理学发展中，其本身在理学思想上有何创新？对元代理学本身的内容进行理论思想的分析似有不足，仅用理学的世俗化、社会化描述不能揭示元代理学的全部内容。如果后人看了这个论文，只有一个印象，元代理学相比南宋时出现了官学化、社会化。这不全面，这只是其中部分的答案，并非全部答案。

在理学思想本身，元代理学加入了什么？这些对后来理学的发展起了什么影响？这在论文中缺少应有的分析。对理学理论

① 现为西北大学中国思想文化研究所教师，时在研究所攻读博士学位，论文题目是《元代理学与社会》。

本身的深入研究，可以尝试做一些归纳补充，请再做研究。将元代理学究竟在内涵上增加了什么，提炼成文字加以论述。

还有一个问题值得思考：理学是元代文化中的一个部分，它和其他文化构成有什么关系？思想、文化，思想是文化的核心。除此之外，还有其他的文化构成，是否需要研究一下？本文主题是《元代理学与社会》，并不完善。论文首先解决理学在元代与其他文化构成有何关系，这篇文章忽略了这一点，应进行分析说明，并加以完善。

张岂之

2015 年 2 月 15 日

## 致刘宗镐

刘宗镐①同志：

你的开题报告《江门心学研究》写得不错，你是在真有一些体会的基础上写出的，不是列出许多参考书，而是说出了对江门心学的研究心得，这很难得。

外庐先生、汉生先生和我主编的《宋明理学史》中对江门心学的研究是不够的，你讲得很对，《宋明理学史》对江门学派的研究不全面，当时掌握的资料不够。对江门学派研究得比我们有心得的，可能是容肇祖先生。他写过明代思想史，1946—1952年在北大哲学系教书，在课堂上也讲过江门学派。容先生还有关于明代思想史的其他著作，可惜我现在记不清了。

你提出的“历史性研读”，是好的。我建议一点：在考察前人哲学观的时候，需要和所考察者的文化观联系起来；将思想与文化结合起来。只研究“思想”或“思想中的思想”，那是不够的。你提出“剔除概念理论的先行设定，以对历史上江门心学的客观研究代替教条的格义……”，这都是很有学习心得的话。近些年我比较注意将思想史与文化史相结合，也是出于如何达到对历史上

① 时在研究所攻读博士学位，论文题目是《江门心学研究》。

思想进行具体分析，所必须遵循的一种方法。

你有自己的学术研究和独立见解，这很好。我希望你能在博士论文中把江门学派写好。

张岂之

2015 年 1 月 8 日

## 致张丽萍

张丽萍[①]同学：

你的博士论文选题《中华传统家训》开题报告，是下了很大功夫的。参考的论文、著作不少，问题是：对这些论文、著作是否都进行过研究？有哪几种对自己有影响？对其中哪些还持有不同意见？

我建议：你在论文写过后，编一本关于中国家训的资料集，如何？

所写"本课题可能的创新之处"写了两点，都比较抽象，为什么？

从所列提纲来看，实际上是准备写一本《中国家训史》。这需要把不同历史时期的家训特色勾勒出来，用准确的文字加以表述。我希望所列参考文献成为研究过程中真正的参考，而不是"装点"。我想，你会注意这个问题的，希望你能写好这篇博士论文。

张岂之

2015年1月9日

① 时在研究所攻读博士学位，论文题目是《先秦至魏晋南北朝家训研究》。

## / 致申冰冰 /

申冰冰[①]同学：

你的学位论文开题报告《两宋〈论语〉学研究》是下了功夫才写成的。若干年前，我们研究所的一位博士生写过两宋时期孟学研究，可以参考。

《两宋〈论语〉学研究》，顾名思义，是要探索两宋时学人们对于《论语》的研究，有什么特色，它既不同于两宋以前，也不同于两宋以后。就现在提交的开题报告，对两宋时期学人们对《论语》的研究，形成了什么思潮？《论语》的研究在理学思潮中占有什么地位？尚需进一步探讨，现在的开题报告还没有形成作者自己的看法。

在研究方法上写的四点也比较一般（见打印稿 P9—P10）。

从开题报告来看，你在整理、研究资料的过程中需要仔细研究两宋时期学人们对《论语》研究的特色。现在的概括还不够，有些地方也不准确，需要继续研究。

张岂之

2015 年 1 月 9 日

---

① 时在研究所攻读博士学位，论文题目是《北宋〈论语〉学研究》。

## 致周后燕

周后燕[①]同学：

你的学位论文开题报告《20世纪上半叶中国马克思主义者传统观研究》，还要思考一些问题：

1. 何谓“传统观”？是否指的是对于中华传统文化的看法？简称为“传统观”？开题报告中没有说明。

2. “20世纪上半叶”，应列举哪些代表人物？是否范围太大太宽？倒不如把题目缩小，五四时期代表人物对中华传统文化的看法。

3. 时间限定在五四，对当时文化战线上的一些代表人物进行分析，比较集中。

4. 现在这个题目太宽、太大，不好着墨，请考虑。

请和方光华老师商量。

你的博士论文题太大，你难以完全掌握，请立即与导师方光华商量，将题目缩小。

张岂之

2015年1月9日

① 时在研究所攻读博士学位。

## / 致苗彦恺 /

苗彦恺[①]同学：

关学中关于贺瑞麟思想，我没有研究过。

你来研究贺瑞麟思想，很好。

从研究方法上看，今天只提思想史与社会史结合，可能不够；还有一个方面，就是思想与社会文化的结合，思想如果不放在文化大背景下分析，那就不得其要领，思想与文化联结起来，容易看出思想的文化功能，一下就活了。

贺瑞麟倡导礼乐教化，效果如何？能否抽时间到三原、泾阳一带做些调查研究？我看中央电视台 CCTV－4 频道，展示出明、清以来若干地区乡村组织中沿用“古礼”，有很好的社会影响。你的论文开题报告中说，贺瑞麟对“当时的关中社会风气有一定影响”，如能在调查研究中归纳一些材料，或附以图片，也是很有意思的事。

你的论文，第四章传承古礼的倡导者，这一章最好能够用力去写，要有社会效果的论述，要到三原一带去找一些材料。你第五章“乡间文化的推动者”也应着力去写，也要有具体的材料加以

① 时在研究所攻读博士学位，论文题目是《贺瑞麟理学思想研究》。

佐证。

你的论文，如果只从贺瑞麟的文稿中去做文章，意义不大，最好将义理探讨与社会状况调查研究结合起来，论文就会别开生面。你试试看。

张岂之

2015年1月9日

## / 致代超 /

代超[①]同学：

你的《荀子的贤能政治思想研究》,“贤能政治思想”这个词可以成立吗？我想是可以的。但需要有一个解释,这不是今人的解释,而是荀子本人的解释。

你开题报告“选题背景”中没有对这个名词做解释,除引用了墨子和法家的话(不是正文引的,而是小注中引用的)。

因此,荀子本人对“贤能政治”的解说,需要引出,加以解释。

还有,“贤能政治”中有两个问题是不好回避的,就是:1. 如何实现贤能政治？2. 荀子本人的贤能政治的内容是什么？

这要有所归纳,不能只是列举学者们对此的看法,主要要有作者自己的看法。

什么是荀子主张的“贤能政治”？要有荀子自己的话,由作者加以阐释,不能用别人文章的话来代替荀子本人的话。

总之,这个题目可以做,如何做,请阳举老师具体指导你。

张岂之

2015 年 1 月 9 日

① 时在研究所攻读博士学位。

## / 致陈典平 /

第一封

陈典平[①]同学：

你的博士研究生学位论文开题报告，我已看过，你已做了较多的准备，有初步心得，但还没有形成一些理论观点，需要进一步研究。我提几点意见供你参考：

1. 何谓历史观？你的回答是："历史观是指对历史整体发展过程的思考。"问题是：这样的理解是怎样得来的？

我建议你，不妨找几本关于中国史学史的著作，看看这些著作的写作者是怎样理解"历史观"的。先秦时期的思想家们在论述其思想的时候，他们都要谈到历史；当代研究者在写史学史的时候都会提到先秦时期思想家们对于历史的看法。究竟有哪些看法呢？这，你要做研究。从几部中国史学史著作中去了解，这些专家们是怎样厘定"历史观"的？白寿彝先生是如何理解的？瞿林东如何理解？等等。在这个基础上你进一步加以归纳、研究，看如何用文字来表述？我看了你的开题报告，但是我不知道你对历史观(已经下了定义)，究竟怎样才有了这个定义。

2. 你在开题报告中说："天人合一是古代思想发展进程中形

① 现为陕西师范大学图书馆教师，时在研究所攻读博士学位。

成的十分重要的思想资源之一。”我不知道你这个结论是怎样来的。到了战国末期，荀子为什么提出天人相分的观点？“天人合一”，用此来表述历史观，有哪些原始资料？这些都需要做一些论证，你的开题报告只写结论，没有叙述结论如何来的。

你的题目《先秦历史观形成研究》，似乎不甚贴切。历史观是思想家们思想体系中一个部分，各家有不同的历史观，用先秦历史观太笼统，尚可以作进一步研究，如用《先秦时期思想家们历史观评析》，似乎更加贴切一些。以上意见供参考。

张岂之

2013 年 12 月 8 日

第二封

陈典平同学：

从你的《先秦儒家历史观研究》开题报告，可以看出：你确实读了不少资料，摘录了不少材料，但对这个问题的掌握并不够，只能说刚刚开了一个头。

你在开题报告中 P10—P11 说，关于先秦时期儒家历史观需要在"主要问题"上下功夫，但细看你所提的三个问题，都比较空洞，似乎没有实质，尚需做进一步思索。

第一，先秦时期儒家历史观都和如何看"三代"联系在一起，这三代是夏、商、周。特别是对西周礼乐文明，如何看？

第二，先秦时期儒家历史观只有从比较中才能看得清楚。虽然写的主题中没有法家历史观，但是如果没有儒法历史观之比较，那就很难准确地抓住儒家历史观之实质。

第三，先秦时期儒家历史观与阴阳家历史观之比较。

以上三个问题是必须要研究的，有了这个"度"才好研究其他。

从论文开题报告来看，尚不成熟，虽然写了不少，但大都是绕开主题走，没有抓住主题。因此，你的开题报告，请再思考。

张岂之

2015 年 1 月 9 日

## / 致魏厚宾 /

厚宾[①]：

你1月9日函已收到。

关于博士论文，你想写《王船山的易学史观思想研究》，你先读读船山的著作，想想有无可能写成有一定见解的博士论文。

我先介绍你看看拙作：1.《王夫之〈张子正蒙注〉的理论贡献》；2.《评王夫之的历史观》。我想：你没有看过我的这两篇文章，否则你会在信中提到。这第二篇就是分析王夫之历史观的，发表于1977年第4期《西北大学学报》（哲学社会科学版），那时，"四人帮"刚被打倒不久，我带着欣喜的心情写了这篇论文，其中特别分析了船山对"申、韩之儒"的批评。

这两篇论文收于我的自选集《乐此不疲集》中，该书于2009年由首都师范大学出版社出版。

在该书中还有我对黄宗羲、顾炎武的研究分析。

对王夫之的研究不能仅限于他本人，要放在他那个历史环境中与其他学术大家相比而分析，这是要用很大精力才能做到的。

我在当年写这些文章，没有什么"功利"驱使，只是自己在"文

---

① 时在研究所攻读博士学位。

革"后期读了些书,但环境不允许把心得写出来;"文革"刚结束,心里积存的读书感想,很自然地就写了出来。我文章中的这些观点是否能站住脚,不敢说,你看看再说吧。

以上意见供你参考。耑此即祝

进步!

张岂之

2016年1月13日

博士论文题暂时不要定,多读些书,多思考,然后再定。

又及

# 致学者部分信函

## 致邱汉生先生

第一封

邱先生：

大函和转来的宣民同志函都已收到。宣民拟在今年冬召开全国理学史学术讨论会，设想很好。不过，我们这里（我、老龚和大援）的困难，我不能不说。今年上半年我们打算把《理学史》[1]下卷的一些章节写出一部分；7、8月份老龚、宝才、钟锋和我要去上海解决辞典中的遗留问题。9月我要出国。今年冬季学校整党（我们学校是第二批整党单位），我、老龚、大援都不能外出。照此看来，我们今年很难去江西。我的不成熟的意见是：今年大家集中时间按计划把《理学史》下卷稿写出，明年初夏召开《理学史》编写工作会议。至于去江西，不妨放在明年冬季。如果《理学史》下卷不写出来，心里不安，参加会议心里不踏实。我们的困难情况已如上述，请邱先生谅解，并请转告宣民同志；以上意见如不妥，请指正。

时届四九，严冬季节，请邱先生多多保重。

敬祝

健康

岂之

(1982.)1.29

① 即《宋明理学史》。后同。

第二封

邱先生：

接读12月9日函。关于《宋明理学史》出版问题，我在这里与钟锋商量，意见如下：

(1) 湖南人民出版社对此稿并不十分欢迎，“须经省出版局决定”。公函往返，十分浪费时间。所以，交湖南人民出版社出版的计划，难以实现。

(2) 既然如此，交人民出版社亦可，但是，当订立合同，说明出版时间。

另外，责任编辑看稿，我们希望有一定时间，如果拖的时间太长也不好。我们书有基本观点，希望能本着“百家争鸣”精神，对基本观点不要干预。我们不同意有所谓“唯物主义理学家”。人民出版社如有合同保证，邱先生如同意，交给他们也是可以的。

邱先生多多保重，身体有病，尤其要多休息。吃中药如果疗效较好，那就很好。如果疗效不太显著，最好能到医院仔细检查。

敬祝

健康

岂之

1982年12月12日

**邱先生批**：宣民同志：岂之来信，所谈种种，我都同意。请与金春峰讨论，最好用侯先生名义，与人民出版社订合同。

汉生(19)82.12.17

附：

## 1982年7月27日邱汉生先生来信

岂之同志：

你好。夏天身体如何？为念。

夏威夷哲学讨论会，开了十天，于前日晚上回到家里。会上遇到岛田虔次先生，问起你。

稍过三两天，我再理一下《宋明理学史》上卷的稿子。

八月，你能来京吗？我想，你如能到出版社来住，商量问题比较方便。不知尊意以为如何？你用一个月时间，把《宋明理学史》上卷稿子再统一遍，大概也就可以了。

听说外老精神还好，有一个护士专门照料，只是输血不甚方便，家里消毒条件不如医院。

**附：**



## 1983年3月10日邱汉生先生来信

岂之同志：

你两次来京，完成了《宋明理学史》上卷的定稿工作，这是很重大的贡献。他日书出版，读者将从你的辛勤劳动中得到有益的帮助。为此，我个人对你是十分感激的。你代外老写给人民出版社金春峰同志的信，复印本已给我。今日《宋明理学史》上卷全部书稿已送交人民出版社。这样，上卷的工作是完成了，放下了一桩心事。

附：

## 1984年10月19日邱汉生先生来信

岂之同志：

一年容易，又快到十二月了。《宋明理学史》下卷编写工作不甚理想。希望如期完成初稿，早些把稿子定下来，交付出版社。旷日持久至五六年才搞完一项研究课题，不是很好的。

《文史哲》月刊收到，读到你的大作，承奖誉，甚感盛意。

## 致卢钟锋、黄宣民、樊克政同志

钟锋、宣民、克政同志：

本月廿号，大家手头的写作任务即将完成。下一步，我提点建议供参考：

全稿[①]打印出来，分到每个同志之手，起码要到十一月初。廿号至月底打印任务甚大。廿号至月底共十天，我意先开始第一步的修改。给我的打印稿，我已陆续看完了。以下五点是我看了打印稿后提出来的，还不是无根据的乱说。

(1) 第一章第一节改写一下，着重说明一个问题：鸦片战争是中国近代史的开端。要添马、恩关于鸦片战争的论断。具体改写意见，再面谈。由小樊驾轻就熟地改吧！

(2) 第二章太平天国交林英修改，请他将关于《资政新编》重新写出。

(3) 第三章改动较大，包括改写、调整等。小黄和我担任。

(4)《大同书》再改一改，钟锋把整个改良主义都研究了，现在再来修改《大同书》最好。

(5) 严复一章补充介绍欧洲哲学，请老何补。

---

① 指《中国近代哲学史》。

以上工作，廿号至十一月一号以前完成，看有无可能。

第二步修改，大家对全稿提出意见，进行深入讨论，对全稿作统一（观点、文字、体例等）。用一个月左右时间。

我的总的意见是：似乎不必从廿号一直到十一月初全都用在看稿上。如果看半个月，再议半个月，时间拖得太久。我们编写组人不多，可以采取机动灵活的战略战术，不一定过于拘泥于程式化的程序。稿，大家平时都看了，有些地方要着重改，心里可能是有数的。我们人不多，有些问题随时可以讨论，也不一定拘泥于“开会”。事实上，我们在下面商量很多。

以上五点如能尽快完成，那么，全稿的修改问题就不会太大。

祝好

岂之

（1974年）10月11日

## 致黄宣民同志

第一封

宣民[①]同志：

大作《金华朱学》想已完工交出版社了吧？

有件事请替我打听：前些时我在京参加全国史学会，听说史学规划会将于5月5日在长沙开会。但至今我尚未收到通知。现在想知道开会的确切日期，以便安排我手头的事。另，从西安去南方（武汉、长沙）的车票一般在一周前就要登记，否则很难买到。在校办理借款还要有一点手续，加上五一节放假诸事，所以得提前准备出发。请替我打听一下，将确切情况告诉我，拜托！

侯老过去写的洪秀全、严复、康有为、孙中山四篇文章，我正在校阅，毕，即可请人誊抄。

此致

敬礼

岂之

(1979年)4月22日

① 黄宣民(1934—2001)，江西萍乡人。曾任中国社会科学院历史研究所研究员，学术委员会委员，中国思想史研究室主任，《中国哲学》主编等。他是侯外庐先生的学生之一，曾长期在侯先生身边工作。

第二封

宣民同志：

我在这里开会，大约是本月 29 日结束，请得便告诉刘姑，会后我即住到侯先生家，等待开理学史编委会。我大约是 29 日，迟不超过 30 日，即可到侯先生家。理学史会是 7 月 4 日，3 日我即可搬往东方饭店。并请替我订 7 月 8 日从北京至西安火车票。理学史会一毕立即回去，夏天，不想在外面太久，家中还有事，亦不宜在外太久。拜托！

祝

夏安！

岂之

(1979 年)6 月 25 日

第三封

宣民：

你好。

请你告诉钟锋：他的信我已收到。

你如得空，请你问一下《哲学研究》编辑部，二月份我给他们寄出一稿：《论蕺山学派哲学思想》，不知他们审处结果为何。如果他们不用，请告诉我一声，我即交其他杂志发表，稿亦不必寄我，存你处即可，我手头还有底稿。如《哲学研究》要用，那就给他们。请他们给我一个消息。

关于编《宋明理学史》，不知你和钟锋是否参加？如果你们不参加，我也不想插手了。如果你们参加，我亦乐意参加。

祝好

岂之

(1980)3.25

第四封

宣民：

你好。我们将于5月17或18日从西安启程去日本京都，原来计划到北京，现在改从上海乘机。《中国思想史纲》下册，我已搞好分给我的明、清部分，近代尚未着手；从日本回来后，近代我亦无时间立即着手，要到暑假才能写，因为本学期我开了一门选修课《中国古代思想史》，要备课，占去不少时间，加上又有其他事情。不管怎样，今年八月份我可以完成近代分给我的部分。此情况请转告钟锋。

另，请你问问《哲学研究》编辑部，拙稿《论蕺山学派哲学思想》，他们如何处理？如他们一时拿不准，请转告他们：该稿我修改后交其他杂志，今后再给他们写另外的稿子吧。如果他们根本不打算用，那就更干脆，好办。

此致

敬礼

张岂之

(1980)4.28

第五封

宣民同志：

今天樊克政同志来找我，我才知道钟锋已回广东探亲。我给钟锋和你的信，信封写的是钟锋收，你可能一时看不到，我还是重新写一封吧。

我想谈《中国历史大辞典·思想史卷》问题，听说它已列入历史所中国思想史研究室今年的科研计划中，所以现在谈起来方便了。现在的情况是：龚杰同志已去上海与吴泽、汤志钧先生商量交叉辞目事，刚从上海回陕，这次去颇有收获。我们决定3月1日召开碰头会，我们这里有刘宝才、龚杰和我参加；还有祝瑞开参加；历史所除樊克政在此外，还要请冒怀辛同志来。如果钟锋不能来，我十分希望你能来一下。会期三天(3月1日至3日)，讨论：(1) 最后审订辞目；(2) 体例说明；(3) 分工。所以这次碰头会是相当重要的。我想要怀辛同志多承担一些撰写辞条的任务，所以非请他来不可。不知你现在手头任务忙否，如果你能来，我非常欢迎，这也便于工作之进展。万一你实在不能来，那就由你请其他同志吧。我还是希望怀辛与你来。在此最多五六天，对工作不会有太大影响的。

此祝

近好

岂之

(1981年)2月11日

第六封

宣民同志：

2 月 14 日函今天收到。请你和一雅、遵信同志说一下，3 月 1 日会议是讨论辞目、体例和分工问题，比较重要，你能来一趟最好。万一不能来，其他同志无论如何要来一两位。只要能将情况说清楚，一雅、遵信是会同意的。我已给一雅写信，主编由邱先生承担，我做一些具体工作。你来，将分工、体例要求带回北京，督促大家开展工作，这样方便些。将来你忙，可由钟锋接着做。总之辞典事你那里要有人具体负责，这样才能保质保量，否则事情难以保证完成。

务请加以支持！

祝好

有一信，请转侯先生。

另，请给中青出版社×××同志打电话，催问我们要的 170 本书，为什么至今不到？又及

岂之

(1981 年)2 月 15 日

第七封

宣民同志：

大函收到。中青出版社×××同志有点言过其实。去年年底我和钟锋去找他，他说《中国思想史纲》上册卖不出去，积压一千多本，影响到他们的经费，云云。何等严重！我回西安后给有关高等学校发了近十封信，人家都寄款去订书了。一千多本立即销售一空，据有的学校反映：此书作为文科教材，比较好。

关于侯先生的治学特点。重理论是可以的，不过，这要举例说。我意以侯先生研究中国古代社会为例，最好。另外，再说明他对马克思主义政治经济学下过苦功，翻译过《资本论》第一卷，这对他的治学方法有很大的帮助。另外，最好写侯先生善于思索，善于创新。举例：关于中国封建土地所有制形式，关于农民战争问题，关于中国资本主义萌芽等问题，都有他自己的独立见解，自成一家之言。再，侯先生治思想史，是把思想史真正作为“史”，从社会史的研究到思想史研究，结合成一个整体，不是就思想史论思想史。再，写培养人才。我想写四个问题：(1) 重理论；(2) 重社会史研究；(3) 鼓励创新；(4) 善于培养人才。第(1)和(2)因角度不同，最好分开来写。当然，任何一个学者都不可能是全能者，他们对科学研究的贡献也只是相对的，也难免有这样那样的不足。这些对侯先生也是适用的。文末最好也能提一提。谈他的治学特点,牵涉到他的一些学术观点,并非扬此抑彼,没有丝毫贬低其他学者的意思。因此,文内还有个分寸问题。

起草乱,请打印,征求些意见,再作修改。以上意见供参考。

钟锋回所后,请将《中国历史大辞典·思想史卷》碰头会的事告诉他。将来请他抓。

祝好

岂之

(1981.)3.17

第八封

宣民同志：

来函收到。关于护照事，西大已有人在京替我办理。一般是启程前十天才能领回。我已订好机票（从京起飞），10月2日的票。9月底我即可来京。

侯先生身体令人担心，最好劝说他在医院休息、治疗。回家，条件不好，如冷暖失调，再犯病，那是非常危险的。

我给侯先生写了封信，你去医院时请捎去。

时间不饶人。回想五十年代初侯先生在西大主持工作，他的精力旺盛，比我们现在还精神。时间过去了三十年，他现在的体重只有40多公斤，变成瘦干的老人，不能站坐，不能言语。想起来就使人难受。我们还有时间，现在应当抓紧身体锻炼，将来老了，不致瘫痪于床。西大有些老先生，年过八十，身体精神都不错，一位是学体育的，一位从事地质科学之教学，过去长期锻炼，老年了依然硬朗。

我前两天给钟锋、克政一函，商谈历史辞典事，请他们快些给我回信，以便安排工作。问全家好。近好！

岂之

(1981.)5.19

第九封

宣民同志：

在我这里的南宋部分稿，都已看完，都提了意见(已寄给你)。我怕误事，托系里一位老师交重日，由重日交给你。

元代稿我已看完，并作了修改，稿在北京，任大援未带来。

南宋时朱熹章稿亦未带来。

请查收。

祝

近好

岂之

(1981年)8月20日

第十封

宣民同志：

前天发去一信想已收阅。

我们研究，历史辞典编委扩大会议除请钟锋、克政来以外，还要请你来。月底发邀请函，请你不要感到突然。这次请上海辞书出版社谈宗英同志来，和我们一起讨论，体例问题得在这次会上定下来。样稿(其中有你写的王艮)已经印出，二十多条，供大家讨论。会议最多两三天，你顺便到亲戚家走走，最多占你一周时间，我想，历史所是会批准的。我将来给你发邀请函，除说明参加历史辞典条目讨论外，再加上一项，就是商谈关于《宋明理学史》的修改问题，这不是又多一项内容了吗？这样，历史所就会给你一星期时间了。总之，钟锋、克政、阁下这次请都来，否则体例问题很难解决。

祝好

岂之

(1981.)8.23

第十一封

黄宣民同志：

《中国历史大辞典》编委会决定由我担任思想史分册主编。为了开展工作，邀请你为思想史分册撰写部分辞条的释文。如可以参加这一工作，请复信告知你准备承担哪些部分。

致

敬礼！

张岂之

(1981年)11月6日

第十二封

宣民同志：

春节过得愉快吧。有朋友从北京来，说北京今年春节买年货比较难些，不知确否。西安买东西并不难，今年春节的供应相当好。

我回西安后即患牙痛，时好时坏，直拖到现在。

侯先生身体近来如何？你去医院，请替我向侯先生问好。他今年是八十大寿，我祝他健康长寿。

我们学校尚未开学，寒假是2月12日结束。西安从春节起下了两场雪，至今没有放晴，天色老是灰蒙蒙的。

你托带的年历，你亲戚已来取去，他和我聊了聊家常。

2月中旬你们给学校来公函，我意不一定具体说三个月时间。就说4月初需讨论书稿，希望我去；关于修改书稿具体时间在不影响我在学校里的教学工作前提下将来再作进一步商量。这样写比较好，灵活些。死扣三个月反而不好。请注意措辞。

祝

春安

岂之

(1982年)2月6日

第十三封

宣民：

昨天我给老步[①]一信，请他就《宋明理学史》进展情况写一份汇报，交邱先生审阅后，送中国古代史规划小组。今天中午收到邱先生函，得悉老步已去沪，汇报请你和钟锋写，这很好。

寒假期间，我正在写罗钦顺章，因材料摘录得齐全，而且经过的酝酿时间较长，所以写起来困难不大。老龚[②]写的王廷相章初稿已交给我看，大体上可以，有些地方还要修改补充。

今年任务很重，时间究竟如何安排，我还没有完全确定。现在寒假和以后的每个星期天是归我支配，平时很难说。明年全国重点大学进行评审。如果这一年内我不在行政工作上用点力气，那也不行。加以今冬学校整党。暑假还有辞典的收尾工作。诸如此类，时间如何安排，如何使《宋明理学史》下卷工作放在重要地位，仍然是一个问题，但必须力争把《宋明理学史》下卷的写作列入重要工作议程。

外老培育的中国思想史研究队伍如何加强？中国思想史研

① 指步近智。

② 指龚杰。

究室今年是否招研究生？我这里今年不招。任先生①那里队伍建设得很好，我们如何迎头赶上？请考虑。在这方面，你有什么意见，盼告。

此祝

近好

岂之

(1982.)2.8

① 即任继愈先生。

第十四封

宣民同志：

我4月初来京，没有问题，希望书稿较快地修改好。去年我在京时，我提出还是住在侯先生家，毛来住房的对面，这样有人找我方便些，我的行动也自由些。房内有一张桌子，坐下可写字；有张床，能休息即可。不知那房里什物多么？只要不妨碍改稿即可。如有妨碍改稿的什物是否通过磋商暂时转移一下？改稿用时也不过三个月。对这方面情况我不太了解，请你与有关方面磋商，可否？

我行期定后即给你和钟锋写信。

此祝

近好

岂之

(1982年)3月16日

## 第十五封

宣民同志：

大函收到。谢谢你们帮忙，我在京住处事总算得到解决。从信上得知，你近来身体不太好，请一定检查清楚。看来烟是千万不可再吸，偶尔吸一点问题不大，每天一包左右，那是令人吃不消的。你和钟锋身体都不好，现在得引起注意。我从五年前在宣武医院进行手术检查后，身体一直不错，这和我平日注意分不开。祝瑞开同志的孩子前些天给我来信说，老祝患急性肝炎，病危，医院已发通知，云云。我很吃惊，立即发一电报询问情况，昨天又收到信，谓危险期已过，但是不稳定。老祝多年在外，境况不佳，刚刚回到上海，恢复了党籍，身体又差了，令人牵挂。

我将于11号或12号启程，等买好票再给你发信。昨天我给邱先生发了封信，告诉他，待收到宣民同志函，住处问题解决后即准备动身。另，侯老现在不可出院。4月，北京气候变化仍然很大，时冷时热。5月天气稳定再出院，可好？在家犯病，他老人家没有医生在旁随时量体温，那不好。一过五一节，北京气候转暖，寒潮停止，侯老回家待到秋天再进医院过冬，换换环境，对他恢复健康是大有好处的。我听广播，天气预报，说今年4月将有一次大寒潮，西安将有一场春雪，是哪一天，不得而知。请侯先生过了五一再出院，这个意思请给大姐[1]说。

面谈。祝

近好

岂之

(1982)4.4





① 指外庐先生大女儿，曾任北京同仁医院党委书记。

## 第十六封

宣民同志：

去年九月您到我校参加研究生论文答辩委员会，对我们的工作大力支持，谢谢。任大援的论文去年已经通过，是否授予硕士学位，经答辩委员会研究，邱先生同意，请任大援再答辩一次。现定于5月8日（星期六）上午9时在邱先生家答辩，请届时参加。

祝

撰安

张岂之

（1982年）4月27日

㊢㊉㊦㊮

第十七封

宣民同志：

我已请人买了回西安的车票，忽然收到我校的来信，谓郭琦书记即将来京向教育部汇报工作，要我等他。所以我请大援去退票，暂时不动。顺告。

祝好

岂之

(1982.)5.17

## 第十八封

宣民同志：

3月16日函收到。关于侯先生四篇文章(洪秀全和洪仁玕等),其中问题较大者就是《洪秀全与洪仁玕》,对洪仁玕评价是否改变？还是照原来的样子,保存稿子的当时面目？《论严复》一篇没有什么问题。《论孙中山》和《无神论思潮》是我执笔的,现在看来也没有什么问题。看《侯选》[1]下卷稿,我安排在5月,现在手头事极多,我正在写《思想史与哲学史的联系与区别》一文,思路完全集中于此,月底即可写成。4月我要出去参加两个会:全国史学会和史学规划会。因此我想五月份集中时间看《侯选》下卷稿,到时再请人将你提到的那四篇文章抄出,可否？

另,请你跟何兆武先生商量一下,《中国大百科全书·哲学卷》约写“西学的传入”,二千字,我想和何先生合写,请他在今年6月写出一个初稿,字数多些,我再从中稍加提炼。我想,何先生是肯帮忙的。

---

① 即《侯外庐史学论文选集》。

大作《金华朱学》务请在三月份内完成。不过，身体亦请多多保重。

此致

敬礼

岂之

(1982.)5.23

## 第十九封

宣民同志：

大函收到。关于杨万里、王应麟两章，我作了一些修改，还曾给老步（近智）一函，请他在个别地方再作斟酌。稿已于一月前请西大78级研究生杨圣敏（已考取中央民族学院研究生）带去北京。稿我放在一个大封套内，上写：烦交历史所黄宣民同志收。杨圣敏答应我他一到北京就找你。何以至今稿子仍未见？杨圣敏是田余庆同志女婿，可写信给田余庆询问此事。杨圣敏的通讯处是：北京中央民族学院民族研究所。可否请你写信向他询问一下？

张载章不是很好写的，我又用了半个月读了张载的书，几经考虑，要到9月中旬才能脱稿。中间走了一些弯路。我来京约在9月中旬或20号左右，要等张载章写毕，才能成行。仍住侯先生家。如果老包[①]能把张载章写好，那就用老包的，我这里所准备的只是“备用”而已。

有人抓人一言片语，无限上纲，这是很不好的。你不要为此事不快。如果人家写了文章，我们也可以写文章，没有什么了不

---

① 指包遵信。

起的。

西安阴雨不止，已是一片秋意了。

即祝

近好

岂之

(1982.)8.30

问全家安好

## 第二十封

宣民同志：

信，刚刚读到。前两天我给你和钟锋写信，有些“责怪”之意，请原谅。我要一千元资助即可。现在不必寄，何时寄，寄往我校宾馆多少钱，待我给你写信后再寄，可能到明年一月再寄。不存在白条子的问题。除了房租，其余补助一切都不要。

因为我事先不知道你申请正研，故未写推荐信。现得知你已申请，日内我即将给甘泉[1]写信，说明情况，表示推荐。

问钟锋近好。

敬礼

岂之

(1982年)12月13日

① 指林甘泉。

第二十一封

宣民同志：

大函收到。钟锋将于阳历年底由陕返京，工作未完，我们这里继续做吧。

关于近代哲学史追加稿费事，其中有一项为修改费。我意，第二次、第三次印刷，凡未参加修改者，不必给修改费，不搞平均主义。此意见钟锋亦同意，等他回所和你商量后再定吧。

我收到中国社会科学院函，邀于1983年1月3日去北京参加史学规划领导小组会，会址在北新桥华侨饭店，会期三至五日。学校已同意我去开会。会毕，我来看你。

辞典定稿正在进行，历史所中国思想史室老同志所写辞条质量高，但×××等三位所写则不太理想，改写者达30条左右，毕竟年轻，没有经验。

即祝

近好

岂之

(1982.)12.22

## 第二十二封

宣民同志：

前些天给你写了封信，并寄上《人文杂志》一本，想已收到。《人文杂志》上的拙作，阅毕，请指教；如得便，请交甘泉同志一阅。他已给我来信，谈其他的事。

大作《金华朱学》想已完成，最晚希望不超出3月能将此稿补交人民出版社。5月，你、邱先生可能要到上海、长沙去参加史学规划会议。

一个月前我给钟锋说过，请以历史所名义给西大党委和郭琦同志来一函，说明理学史上卷已完，下卷希望继续协助。我想：下卷事我将来会来京几次，事先打个招呼。

陕西省党代会尚未开，现在我还没有收到通知。所以我决定4月10日来京，开全国史学会。此史学会分两阶段开：第一个阶段讨论学术问题（我那篇关于传统道德批判继承问题的很不成熟的稿子已被列入史学会学术论文之中）。第二阶段开史学代表会，由各省史学会提名；陕西省史学会酝酿选举，我为代表之一。所以这两个阶段我都参加。会毕，想在京住两三天，再把《宋明理学史》下卷章次讨论一次，请邱先生参加。史学会毕，我住旅馆也可以，住社会科学院招待所，四人、六人一室都可以。到侯先生家又得麻烦他们。我来往频频，很麻烦人家，也不好。

敬礼

岂之

(1983.)3.27

## 第二十三封

宣民：

侯先生史学论文集自序交《文史哲》发表，题目可否改为：《治史述学》。这比《史林述学》似乎明确些。供参考。

祝好

岂之

(1983.)5.24

第二十四封

宣民：

《宋明理学史》下卷我承担的章节，材料尚未看毕，没有完整的时间坐下来仔细研究。明年适当的时候，我打算向学校请假一至两个月，到北京来写。时间和精力集中，才能保证质量。

岂之

1983年12月8日

第二十五封

宣民同志：

大函已收到，给陈正夫同志函复印件一并读了。关于去江西事，邱先生认为，可稍后，待下卷定稿后再说。他想今年下半年集中精力写稿和开始统稿。我觉得这个想法不错。我的具体情况是：今年9月整党才能结束，10月可以外出。那时可能要集中一段时间统稿，去江西恐有困难。但是，下半年具体情况究竟如何，我现在也很难说。我意：你给正夫同志函可以发出。去江西事到明年再看。不知你和钟锋的意见如何？如有不同意见，我们再商量，可好？

我这次到北京涿县开会毕，立即准备北京校友会（西大）成立事，没有时间到所里拜访。而学校又催我赶快返校，作整党第二阶段的动员报告。我是3月31日夜11时20分离开北京的，4月1日夜间3时到西安，4月1日下午2时我就上班了。匆匆。

我听钟锋说你身体欠佳，我看主要是由于吸烟过度，夜间工作过长。这两点如有控制，健康即可恢复。不知尊意为何？吸烟坏处极多，务必控制。祝你早日恢复健康。如果愿意疗养，在西安我给你找地方。估计你一时很难放下工作。务请多多保重。

问钟锋好。问侯老安好。

祝

健康

岂之

(1984 年)4 月 8 日

第二十六封

宣民同志：

钟锋交来你给我的信，已拜读。

我今天给甘泉同志发了信，请他出面召开《宋明理学史》上卷质量评议会。给他的信写得较长，较具体，我想，他会同你商量的。

冬季严寒，请多多保重身体！

钟锋不久即将回京，许多具体情况请他告诉你。

敬礼

岂之

(1984年)10月20日

## 第二十七封

宣民同志：

钟锋带来的信早已拜读，因杂务缠身，迟复，请原谅。

敝校明年2月开始整党，半年，大约到8月或9月即可结束。在此时间内，我很难外出。因此江西之行，我想最好放在明年秋末，大约是10月份，不知可否？

辞典定稿事正在抓紧进行。全部弄完要到明年3月间，钟锋、克政不可能在此留这么长时间，他们大约是本月底即可返京。瑞开同志也来定稿，他身体情况不太好，但工作起来十分卖力，对辞典定稿给予了很大的帮助。

这几个月来我几乎都在搞校行政事务，从现在起想抽出一部分时间，自己妥善安排，用来读书和研究。行政工作是个无底洞，完全陷入是不好的。

得函，知道你入冬以来身体不太好，请多多注意。抽烟最好能减少。烟的坏处早已成为定论，中老同志尤其要戒烟。

西安气候不太冷。其他以后再叙。此致

敬礼

岂之

(1984年)12月13日

## 第二十八封

宣民同志：

大函已拜读。不必发火了。详情待我四月到京和你面谈。

我和你所想完全一致。开始我想:《中国史稿》催你交稿,你肝脏不太好,故《宋明理学史》下卷稿不能再硬性催你。我们不能让你耽误《史稿》工作。《宋明理学史》下卷稿可以先交出版社,编辑看稿,还有一个过程,在全稿发排前,你交出稿子,还是来得及的。万一因任务冲突,或其他原因,一时难以交稿,邱先生作些准备。得你信,才知道,《史稿》稿下周即可交出,你完全有时间写泰州学派。这就太好了。我们完全想到一起了。何必发火?

这两年你在许多事情上不够冷静,如关于侯先生《回忆录》,关于×××文章等。先不管事情的是非曲直,老是发火是不妥的。

由外老培育的这个科学集体,我们应当爱护。我们三十年的友谊,怎么会对你有恶意?怎么会对你突然袭击呢?我们担心你的身体,是善意。在两个任务发生尖锐矛盾的情况下,如再逼你,如果你身体支撑不住,那不仅对不起朋友,而且对不起国家。我们掌握情况有误:好像传闻你今年6月才能为《史稿》写完明代思想。

三十年的友谊了，误解说清就行了。你写泰州学派，太好了。不要生气了。不要退出。面叙。请多多保重身体。

气发完就算了，不要对外说了。

关于泰州学派受心学影响，我也是这样看的。

敬礼

张岂之

(1985年)3月9日

第二十九封

宣民同志：

会议已结束，开得颇好。具体情况请老步面告。务请大力支持。

关于侯先生治学精神问题，我拟过几日写个“想法”给你供参考。这几天忙得很，思想不集中。过几天，好吗？

祝好

岂之

(1988)3

## / 致黄宣民、卢钟锋同志 /

第一封

宣民、钟锋同志：

前些天收到宣民函，随即回信，谈及杨万里、王应麟章稿件事，不知收到否。

因张载章尚未写成，故我暂不能来京，此章脱稿后始能成行。请向邱先生汇报。

宣民同志上次来信谈及有人曾说"侯外庐那批人否认有中国近代哲学"，这纯系编造，不必介意。在你们启发下，我在6月初从北京返校后写了一篇关于中国近代哲学的文章，作为参加吉林举办的近现代哲学讨论会的稿件，人未去，稿寄去，已在《哲学研究》第8期发表。此文，我想，大体上已把我们的观点比较系统地讲了出来。我们并未否认中国有近代哲学，但我们认为有它本身的特点。我们的观点也有不少同志同意。不同意者完全可以写文章进行讨论，不必无中生有地上纲。宣民不必生气，亦不必介意。

张载章草毕，我即来京，仍住侯先生家。

请钟锋抓辞典工作，务请按时完成。

祝近好

岂之

(1980)9.10

第二封

钟锋、宣民同志：

寄上数函，不见回音，估计你们一定很忙。

辞书(《中国历史大辞典·思想史卷》)编委扩大会决定9月9日至9月10日在西安开，我们不想再等一雅的回信了。

9月7日至9月8日这里中国思想史研究生毕业论文答辩，早已给邱先生和学勤发了聘书。邱先生决定来，学勤临时因事忙不能来，因时间太急，另外聘请有困难，他不能来最好有同事代他来。我已写信给学勤，请他和你们商量，有一位来参加指导论文答辩，一位来参加辞书编委扩大会议。来参加指导论文答辩，路费等由西大负担，答辩两天，接着参加辞书编委扩大会议。关于参加辞书编委会邀请函今天寄出，你们两位和克政都有。

时间之所以如此之紧，是因为9月15日以后我有其他事。论文答辩事和辞书编委扩大会议希望在10号告一段落。

这里的日程我已给邱先生写信，你们如能和他同行最好。因邱先生眼睛不好，要有人照看。9月7日论文答辩，希望9月5日，最晚6日到陕。请接函后与邱先生联系。

此祝

近好

岂之

(1981年)5月26日

第三封

宣民、钟锋：

昨天上午和邱先生就如何修改《宋明理学史》上卷事交换了意见，决定本星期四(4月29日)上午八时半，请你二位，还有冒怀辛、樊克政同志到邱先生家开会。请按时参加，并通知冒、樊二位。

邱先生说，会毕在他家吃饭。我看他们准备饭费神，不如不吃。随你们便，如不吃，请及早打电话给邱先生，请他不要准备。如在那里吃便饭，那就不必告诉他。

另，北宋这一部分稿，是否可以给我一阅？前几天给我的一本稿子早已读完。

宣民同志执笔《侯外庐史学论文选集》序言已看毕，有些意见写在打印稿上，供参考。

即祝

近好

岂之

(1982年)4月27日

## 第四封

宣民、钟锋同志：

我这次来所，不知不觉已经一个月。由于环境安静，没有干扰，加上身体情况良好（没有一点病痛），所以我每天早上5点半起床，稍事整理，工作一个上午，不觉得太疲劳，效率比在学校高得多。在学校，不时有人找，头脑里老是有事，干扰是很多的。这次来参加了三次讨论，气氛很好。北宋部分稿，我已统了宋初三先生和邵雍两章稿，删改较大，已送邱先生，请他审定。元代部分，再有一天，我即可全部整理完毕；这一部分，我觉得基础还是比较好的。

根据这种情况，我拟下星期二（5月18日）返校。在校内住一个多月，7月初再来此，那时正值暑假，住一个多月，如果身体情况和现在一样，用一段时间再次整理全稿，可能是没有什么问题的。

我这次来，承你们事先作了妥善安排，使我有了一个适宜的安静的工作环境，我表示感谢。这次来，我除了外调出去三次外，将交际活动压缩到最低限度，这样我才能有比较充分的时间围绕看稿统稿读点书，想点关于理学的问题。总之这一个月我觉得自己是有收获的。

前天蒙登进同志来找我，希望我今年7月初去吉林参加中国近代哲学史讨论会。我本来没有准备去，因为我想 7 月初来京再次集中精力统稿(《宋明理学史》)。但他再三动员，我也许去两三天。如果去，我回校后就要准备一份发言稿(难免要发言)。我想征求你们的意见，看谈什么比较合适。如果你们有时间的话，可否请于星期六(15 日)下午到我这里来？这里干扰少一些。请把你们的宝贵意见告诉我。在外面发言，我想，最好作充分准备，不即兴发言。

即祝

近好

岂之

(1982 年)5 月 14 日

## ㊞㊄㊤

宣民、钟锋：

元代稿我已“统”毕，交邱先生，请他过目。

南宋部分由邱先生“统”，7 月我来京再看。

我的行期拖延了，想下星期三或四返陕。

已经初步“统”的稿，个别有较大的删节和补充，这些都要请原执笔的同志过目。这件事如何做，请与邱先生商量。总之，我觉得既要有人统稿（否则不成其为一部书，而成为论文集），又要使同志们在具体研究工作中加深学术感情，不致发生其他的事。

我校党委书记来京出差，这两天有些事我要同他一起去办，我有时白天不在方家胡同。

祝好

岂之

（1982 年）5 月 21 日

㊕㊅㊊

宣民、钟锋同志：

有一事相商，请你们研究以后，宣民到长沙开会时给我一个回话：教育部抓古籍整理工作。在部的规划中有一个项目："中国思想史史料学"，是我具体负责，为专著，字数在六十万左右，三年内完成。我这里有几位对中国古代史和中国古代思想史有些研究的同志可以参加。我把主要精力放在《宋明理学史》下卷，《史料学》实际将由刘宝才、龚杰做大量具体工作。我考虑到宣民在《宋明理学史》下卷承担章节较多，且有行政工作，工作量已经饱和，所以我不想再去干扰。钟锋由于身体关系，一年内边工作边休息为宜，工作不宜过量。为保证《宋明理学史》下卷保质保量地完成，从全局出发，似不应再向你们伸出求援之手。但我还是想邀请克政参加《史料学》撰写，一来他在《宋明理学史》下卷中所承担任务不多，二来他可能对此颇有兴趣。如果你们同意，请你们代我向他征求意见。

教育部一司最近有同志来问及《史料学》事，我已写出"体例要求"，参加者以六七人为宜，吸取《辞典》教训，不宜到处请人。《辞典》已弄完，本月 12 日龚杰同志将去申送稿。编辑部看了，估计还会提出不少意见，那时我们再作修改吧，今年年底如能最后定稿、付排，就真是最理想不过的了。“好事多磨”！

敬礼！

岂之

(1983.)5.9

㊢㊆㊟

宣民、钟锋：

前些天收到邱先生信，谓他将于9月底去广州，10月中返京。根据此情况，我写信给他，我将于10月10日动身来京。信刚发，昨天又收到邱先生函，说他去广州日期有变化，他将于10月中旬去，10月底回京。在此情况下，我如果于10月初赴京，还可以与邱先生商量稿件问题；如果10月10日赴京，正好赶上邱先生去广州时间，那不好。所以我现在想法是：10月初（可能要到10月5号，因4号我有接待外宾任务，来西大的两名日本学生，我认识，其他同志还不认识，我得去飞机场接）到京，与邱先生商量稿件。他有什么意见，留下，我可以动手，不影响他去广州。不知这样可好？不知理学史下一步如何修改？在这方面我未收到任何具体信息。如果我到京，没有什么具体的修改任务，或者还要等到邱先生从广州返京后才能开讨论会，那我十月初去就无甚必要了。总之，请你们告诉我下一步具体任务。我在夏天将全稿看毕，有些稿件我动手作了较大修改，有些我未作修改，提了修改意见，请转邱先生斟酌，并希望由原执笔先生修改。不知这一步是否已经做到？总之，理学史进行具体情况盼告。我等着信。

祝好

这封信的意思请告诉邱先生。我等你们的信。

又及

岂之

(1982.)9.24

## 第八封

宣民、钟锋：

我们这里已成立会务组，积极开展工作。

另，以后来信写西北大学即可，不过，请告诉老步和老唐，不要用“校长”衔，因为现在批下的，我是“副校长”，免得发生误会。请用“同志”称呼。

其他的事，11月开会见面时谈。

另，吴泽、杨向奎先生都已答应来此参加会议，请给他们发函。

敬礼

岂之

(1983年)10月21日

## 第九封

宣民、钟锋：

关于11月19日在西安召开中国思想文化史学术讨论会事，如邀请书已发出，请立即补发：“按党组织有关规定，会议期间，拟建立临时党支部，参加会议的党员，一律带临时党组织关系。”中国哲学范畴会开会通知也是这样做的。寄上一阅。

敬礼

请将会议筹备情况及此函第一点向历史所党组汇报。

又及

岂之

(1983年)10月25日

## ㊢㊉㊎

宣民、钟锋：

宣民同志寄来的杂志和信已收到。这次思想史学术讨论会开得不错，由于各发起单位都出了力。西大历史系搞会务，没有做得很好，以后改进吧。

《宋明理学史》下卷我承担的章节，材料尚未看毕，没有完整的时间坐下来仔细研究。明年适当的时候，我打算向学校请假一至两个月，到北京来写。时间和精力集中，才能保证质量。

见了侯先生请代我问好。

敬礼

岂之

(1983.)12.8

## 第十一封

宣民、钟锋：

前天发出一函想已收到。今天我收到历史所函，邀我参加本月24—25日的古史规划会。会议两天后，我即可来看你们，并就《宋明理学史》等等问题加以研究。

请广辉[1]或老步帮我联系东方饭店，25日规划会结束后我即到东方饭店。如有困难，可找倪大中同志，请他介绍。就是你们住的那种房间最好，一房两床，我包下来。东方饭店清洁可喜，有饭吃，方便些。拜托，拜托！

即祝

近好

岂之

(1984年)2月17日

① 即姜广辉，时为中国社科院中国历史研究所思想史组成员。

## / 致卢钟锋同志 /

钟锋同志：

前去两函，想已收阅。前些天龚杰同志已由沪返校，他在沪与吴泽、汤志钧等先生讨论交叉辞目事，颇有成效。决定《中国历史大辞典》中经学史、史学史和思想史分册出版。任务重大。我们这里再对辞目作进一步修订、补充，2月下旬即可打印出来。决定3月1日在此开编委扩大会议，讨论体例（大问题，重要问题）及分工问题。我前函已邀冒怀辛同志来此。信上还有一句"冒怀辛同志和另一位同志"，我十分希望你能来此几天，体例确定了（很复杂），将分工辞目带回，逐步完成。不知能否办到？希望能办到，几天时间，问题不大，请向侯先生汇报一下。

我已致函胡一雅同志，《中国历史大辞典·思想史卷》由邱汉生先生担任主编，他只负责最后审阅每个辞条，其他的组织工作等等我来做，不会占用他的时间。实际上这件事是历史所中国思想史研究室和西大历史系中国思想史教研室的协作。请重视，支持，并请你列入贵室计划。

鉴于过去具体编写窝工现象，精力不集中，我们这次订有纪律，而且视工作忙闲程度，分担辞目数量有差异。如宣民很忙，那就最多分他10个，不超过20个，这样也许可以按时交稿。为保证质量,必须在体例问题上讲得十分清楚。

我考虑此事与历史所中国思想史研究室有密切关系,而且是贵室的一项任务,所以你能在3月1日来此参加会议,那就最理想了。你和老冒一起来,有困难吗?

祝好

岂之

(1981.)2.8

## 第一封 致黄宣民、卢钟锋、步近智同志

宣民、钟锋、老步:

昨天给你们发出一封平信,说明交涉开会用的饭店困难重重,未可乐观等等。我们又通过另外一个渠道,终于在钟楼饭店预订了房间。"山重水复疑无路,柳暗花明又一村。"难啊!! 办事难!!

请邀请白先生[①]来此指导一两天。

详情,请老龚[②]写信给你们。

我因参加学习,关于会务事请给老龚写信。我们这里组成的会务组成员是:

老龚、刘宝才、孙志亮、任大援、李晓东、李禹阶、项贤庆。

敬礼

岂之

(1983年)10月10日

邀请者名单我想看一下,可惜至今得不到。

---

① 即白寿彝先生。

② 即龚杰。后同。

第二封

宣民、钟锋、老步：

因秦俑和修复的铜车马有很大的吸引力，外国旅客纷纷前来西安，造成饭店住房紧张。

钟楼饭店回答：是否有住房，暂不能定。何时可定，难说。

西安宾馆回答：房间，外国客人已订至年底。

我托省委办公室同志联系人民大厦和丈八沟饭店，回答：11月底可容纳20位中国客人。

退而求其次，请省委科教部联系止园，近日可能有回话。止园条件不如以上饭店。但仍不放弃钟楼饭店，又请人到旅游局疏通。情况如何，尚不明。

西大宾馆只能容纳四十多位客人。

为联系饭店事，这里同志已跑断了腿，困难重重。因此，邀请函现在不可发。如果我们用了最大努力，仍不能解决问题，当如实以告，会议只好延期，明年另换地点召开。据我所知，教育部有个会议要来此召开，未办成，后来改到保定。

下周起我要参加校党委常委学习邓选，过民主生活，不允许请假，所以有关会务事请与老龚联系（函、电均给他），请原谅。

哲学史范畴会可能在止园开，四十多人。

思想史会参加人员请不要再加。这里的困难，很难用笔墨形容。

老步电话已收到，所提要求很好，不知是否能办到。照目前情况看，不容乐观。

此致

敬礼

张岂之

(1983.)10.15

## / 致瞿林东同志 /

林东同志：

今天是除夕，明天是马年的第一天。祝你在马年乘马飞奔，奔向学术高峰。

十分感谢，由你主编的《历史文化认同与中国统一多民族国家》六卷本我已收到，这是十分宝贵的精神食粮。

这个课题极好，是中国史学史的进一步提升，将史学思想史提高到历史文化认同的高度加以论述，具有创新性。你写的《中国历史上历史文化认同的传统》（代序），很深刻，将“文化认同”做了这样的解释：“主要指若干心理、制度、道统的影响与传承”，言简意赅，抓住了本质。不过，希望在这里加上一句：文化认同就是对中华文化、中华民族文化的认同。“中华文化”这个词语是不可少的。

你的精力过人，治学严谨，为人温厚，在未来的日子里，你和你的同事和学生们肯定会做出更多的学术工作。

身体是本钱，注意健康，注意饮食——这些都是不可缺少的。

祝你在马年取得更多的学术成果。

老友

张岂之

2014 年 1 月 30 日

## / 致杜运辉[1]同志 /

第一封

运辉同志：

你2月4日给我的信已经收到，祝你全家新春愉快。

关于你到西北大学中国思想文化研究所博士后流动站研究什么的问题，你提了两个方面，我比较倾向于第二个方面。理由是：你涉猎的范围越广，对进一步深入研究张岱年学术思想越有利；反之，只是就张岱年先生本身去研究，不与其他同时代的学者比较，显示不出特点来。我建议你读侯外庐先生的著作，读任继愈先生的著作，把对岱年先生的研究暂时放一下，然后再与岱年先生作比较，这样会更加有益。这就要多用一些时间，比如读外庐先生《中国古代社会史论》、《中国封建社会史论》和《中国思想通史》，也许要用不少时间，这些都属于史学范围，和你比较熟悉的哲学史有所不同。当你对史学理论有所研究之后，再来读岱老的著作，也许会有新的收获。学术上如果不开辟新路，只是在熟悉的范围内进行，进步会受到影响的。用些精力去研究任继愈先生著作，也许有必要。任先生研究中国哲学史，感到社会史的重要性，他对中国古代社会史虽然没有专门著作，但是他有自己的

① 现为河北师范大学马克思主义学院教授，时拟到西北大学中国思想文化研究所博士后流动站从事研究工作。

独特见解。因此,他对中国哲学史、中国宗教史的研究可以说开辟了一条新路。

在你进行了比较充分的准备以后,你再去研究岱年先生的学术思想,将外庐先生、任继愈先生与张岱年先生作一学术比较,就会对岱年先生有更加深入的认识与提升。

当然,要读外庐先生的著作,并不是容易的事,因为他对马克思、恩格斯原著有深入研究。只要有坚持精神,也是可以读下去的。对你来说,要对岱年先生有新的发现、更深入的发掘,需要开拓视野,从新的角度去研究。不知你的看法如何?以上意见供你参考。专此即祝

撰安

张岂之

2010 年 2 月 18 日

第二封

运辉同志：

你寄来的2011年贺年片和信已收到。你虽然不能来西大博士后流动站，这对做学问并无大碍。你写《侯外庐先生学谱》明年脱稿后，我仔细读一两遍，也许会有一些修改、补充，反正明年定稿。我负责给你找出版社，以便正式出版；我再给你的这本书写一个序言。外庐先生等的《中国思想通史》，全书重新排版，人民出版社已进行多年（所有资料都要查一遍），明年正式改版出版。多年前我主编的《中国思想史》70万字版，现正在修订中，将所有资料查对，并作若干补充，计划明年完成出版。如果一切顺利，上述几种书都可以出版，后年我们研究所就可以开一个学术研讨会。你写《侯外庐先生学谱》，我所谢阳举教授也很关心，他正设法通过一些渠道，争取一些经费，使你能够完成此书。前景光明，一心向学，现在有条件可望实现。专此即祝

进步

张岂之

2010年12月30日

# 研究生管理与教育建议信函选录

## / 致任大援 /

大援[①]：

研究生在冬天可在展览室内学习，天热后他们得回到他们的自修室去，展览室保持安静、整洁。因此，他们的自修室不要占为他用。

对研究生之要求必须严格。他们的基础以及逻辑训练都还有许多的不足。

此祝

近好！

张岂之

1987.12.18

① 即任大援同志，时任西北大学中国思想文化研究所副所长，现为中国艺术研究院研究员。

## 致龚杰、刘宝才

老龚[①]、宝才[②]同志：

有两位博士生试卷，我看了，用铅笔划了分数。担心分数给的"高"或"低"，请你们仔细复查，提出意见，看是否准确。然后我再改用钢笔或毛笔打分。对博士生的要求应严格一些。可否在两三天内完毕？

张岂之

1991.5.17



① 即龚杰，西北大学中国思想文化研究所教授。
② 即刘宝才，西北大学中国思想文化研究所教授。

附：

大援：

龚杰和宝才同志看了，认为我划的分数是准确的。请你用钢笔将分数划好，再送研究生处。

张岂之

1991.5.20

## / 致刘宝才、谢阳举 /

宝才、小谢[1]同志：

博士生入学试卷已收到。关于中国儒学史、宋明理学史、中国近现代思想史三个方向的专业试卷我已看了。关于“中国思想史”试卷全都在我这里，我抽看了一份，其他均未看，仍寄回，请宝才主持，由留珠[2]、小谢三人组成一个小组，分担来看“中国思想史”试卷。全部试卷明天特快专递寄出。

我的意见是：

1. “中国思想史”试卷的题比较具体，容易打分。

2. 有些题，只要谈出要点，毋需过多分析，因此，有了要点即可。

3. 不可以我们已达到的水平和认识去要求博士生，我抽看的这份卷子，看后，觉得相当满意。当然，对于博士生入学试卷来说，最高分亦不可像数学那样百分，80 多分也就是相当高了。从

① 即谢阳举，现为西北大学中国思想文化研究所副所长，教授、博士生导师，时兼任研究生秘书。

② 即黄留珠，时任西北大学文博学院教授，兼任西北大学中国思想文化研究所博士生导师。

整个卷子上是可以反映该生的水平的。

此祝

近好

张岂之

2000.5.12

## / 致方光华、谢阳举 /

第一封

小方、小谢：

今年所里博士生论文答辩事，现在就要抓紧准备。我的设想是：

4月25日将三份博士稿送出和寄出，请专家们在5月25日前将评审意见（主要一条是否达到所申请学位的水平）寄回。

因此，肖永明、武占江、欧阳军喜的博士论文都要在4月25日前打印出来并装订、复印毕。工作量大，只有抓紧才能完成。你们二位责任重。如不紧催，慢慢弄，甚至5月还寄不出，那就会影响全局工作。

所请评审老师仍以西安地区为主，如：刘宝才、周伟洲、赵馥洁、彭树智、史老[①]。还有谁？在北京方面，有：北师大龚书铎教授。南京大学历史系茅家琦教授。北京还有人大哲学系张立文教授（可审看肖永明同志论文）。李学勤教授（可审看小武、小肖论文）。广州中山大学历史系林家有教授（可审看欧阳论文）。不一一列举。是否需要十位专家？请你们定，你们已经熟悉这项工作。

---

① 史老，指著名史学家史念海教授（1912—2001），时任陕西师范大学历史地理研究所教授。

肖永明同志论文我已收到，看了，今天将意见直接寄给他。欧阳的论文我已看了，他已按我提出的一些意见作了修改，已经定稿。他到西大后(近几天内)再复印。小武的论文详细提纲我早已看过，提了建议，他的论文先打印，以后寄我和其他专家看(可以一起寄出)。

总之，种种与博士论文答辩的琐事请你们负责督促。5月我比较忙，要去广州，还要去长春。6月我返回西安。

此祝

撰安

张岂之

1998.4.7

第二封

小谢、小方同志：

谢谢大家。大家用了不少心思，试题出得好。我将意见写在每份试卷上，供参考，因此请将每份试卷都打开看一下。如果没有写字，则表示同意。

今年春节期间我们讨论关于提高研究生质量事，看来正在步步落实，令人欣喜。

我明天去长沙，讲学一天即返京。

即颂

撰安

张岂之

2004.4.11

清華大學

小谢、小杨同志：

谢谢大家。大家用了不少心思，试题出得好。我将意见写在通俗试卷上，供参考，因此请将通俗试卷打开看一下。如果没有写字，则表示同意。

今年春节期间我们在秦德时议论关于提高研究生质量，看来正在实施，令人欣喜。

我明天去长沙，讲学一天即返京。即颂

撰安

2004年1月 日

## / 致方光华、张茂泽 /

光华、茂泽：

我们对博士研究生应抓紧一些。凡是课程记分者必须要有笔记为据，不能随便打分。现在博士生读书太少，因而论文上不去。请在博士课程上抓紧，不允许采取这种办法：到论文答辩前夕，随便列出课程，通统打上80至90分。博士课程必须考察。

我国对博士生之要求比美国低得多，不改不行。请通知各位博士导师（我所），在博士课程上下功夫，“强迫”博士生读书。

博士课程在美国是要考试答辩的，我们不一定如此，但要交读书笔记。笔记是认真还是敷衍，一看就清楚。不读书，空论是不行的。请制定具体办法，向博士生公布。

张岂之

2002.3.9

老华、武俾：

我们对博士研究生应抓得紧一些。凡是博士论文评审答辩都要有严格标准，不能随便打分。现在博士生读书太少，因而论文也不太好。对在博士论文之抓紧，不能重蹈过去的错误：对论文答辩不合格者，随便通过者的评语，通过前要80至90分。博士论文须修改。

我国对博士生之要求比美国低得多，不改不行。请通知各位博士导师（我们），在博士论文上下功夫，"逼迫"博士生读书。

博士论文答辩是美国最重要环节，我们不一定学此，但要必须有标准。标准是认真、严格地，一丝不苟。答辩老师、答辩员不行的话，请劝告答辩委员会对博士生严格。

刘道玉
2002，3，9

20×20=400　第　页共　页

## / 致方光华 /

第一封

小方[①]：

博士生必须抓紧。张茂泽、梁涛的论文提纲务必在11月内交我审阅；程钢提纲可缓至12月底交。请你转告他们三位。他们的提纲，我将仔细看，这是十分重要的一环。

二年级的博士生要上课，要读书。读什么书早已布置，请你抽查登记。没有笔记，就没有分数，请告诉他们。并要他们考虑论文题目，每人想两个题目，用几个月的时间进行酝酿，到明年春夏之交确定下来。他们酝酿题目，你可以先同他们谈，有了眉目，我会仔细和他们谈的。

一年级的博士生更要上课，要顺利通过外语考试，听"中国史籍介绍"课，并读有关思想史的书。

请你在本月底将我们所博士生的情况写信告诉我。任何事只有抓紧才能搞好，抓而不紧，什么都做不好的。

另外，你写的外庐先生与太炎先生关于先秦学术史研究的文章[②]，还嫌单薄，背景不宽，再做些补充才好。

---

① 即方光华教授，当时具体负责西北大学中国思想文化研究所研究生教育与管理工作。

② 该文因为篇幅较长，摘要稿发表在《西北大学学报》(社科版)2005年第1期。

你问起《中国思想通史》第四卷中佛学部分。我想告诉你，外庐先生关于这一部分内容，当年他讲了许多观点，由杨超同志记下来。杨超同志用了整整一年时间读了有关佛典，写成稿子。外庐先生对稿子作了精心的修改，补充了不少论点。如果没有外庐先生的观点，稿子是写不出来的。但杨超同志在外庐先生的指导下刻苦钻研的精神，是十分宝贵的。当年稿子请任继愈先生看过，任先生是肯定的。

此祝

近好

张岂之

1995.3.27

第二封

小方：

需要的试题今天寄出，估计你们很快会收到的。试题应保密。

我出的题，是想了解报考的博士生读了多少书，是否有应当有的基本功。不搞空泛的议论题。克服浮躁学风需自大学的每个环节始。

读博士学位，在其报考的方向中有一些基本读物，如果不读或者不愿意读，那就不够格的了。

在博士点上应引导学生们读书，思考。不读书，思考也不能落实。我国人文学术如果说有不足，这就是读书少。

此祝

近好

张岂之

2002.4.3

以方：

鄙人的试题今天寄出，估计你们很快会收到的。试题应保密。

我出的题，是查了解我校的博士生读了多少书？是否有应当有的基本功。不拘泥于传统的试题。这也是净化学风，需自大学的每个环节做。

读博士学位，在其相关的方向中有一些基本读物，如果不读或者不能读懂，那就不能提高了。

在博士生在学阶段学生们读书，思考。不读书，思考也不能落实。我国人文学术的争论有不足，因我是读书出身。

此祝

近安

[illegible]之

2002，4，3

MAXLEAF 20×20=400 第 页

## / 致谢阳举 /

第一封

小谢：

博士生试题，今晨制好，特快寄你，请注意查收。

另，我用笔名在《华夏文化》今年第1期上发表的短文《谈“学术生命”》，有朋友看到了，觉得“好”（也许是老年学术工作者的共同心声），在开会期间几位老同志向我要。我回来看了一下，觉得字句尚需修改，现已改好。请你交打印室打一下，然后加以校对，毕，请复印六七份寄我，用平函寄即可。

广东社科院的一位负责同志看了，想改用我的本名在他们的院刊上发表，我说尚需修改。我收到改稿后，看毕再寄给他。

此祝

近好

张岂之

2000.4.22

附：

## 谈“学术生命”

张岂之

这里所讲“学术生命”是指学者个人以严肃的态度坚持学术研究的问题。什么来决定这种“学术生命”呢？

年龄吗？有这个问题。当一位学者进入老年，身体和思维能力日益衰弱，以至不能阅读和写作，没有新的思路产生，这个时候便是他的“学术生命”结束之时。

但是，有的学者并不因为年老体衰而使思维陷于停顿，仍然笔耕不辍，新意迭出。属于此种情况者不是很多，但不能说没有。

因此年龄并不是“学术生命”结束的根本原因。

兴趣吗？有这个问题。当一位学者由于某种原因，他对原先所做的研究工作已觉索然无味，不想继续做下去，而对其他的非学术性事情发生了兴趣；于是出现“兴趣转向”，他的“学术生命”随之结束。

不过，这种情况对于一位成熟的学术工作者来说，很难见到，并无普遍性。

退休吗？这是一种制度，任何国家和职业都有。对于不需要有多么复杂的实验室的人文学术工作者来说，退休与否，对于他的研究影响不大（不能说没有一点影响）。不少已退休了的老学术工作者获得了比较充裕的时间，在学术研究的广度和深度上比之过去有了很大的进展，这方面的例子是很多的。

因此，在笔者看来，一个人的学术生命主要由他个人的各种因素来决定，具体言之，是由其健康状况、其学养、其执着精神、其人生观、其环境诸方面因素决定的。

对于学术工作者来说，应当力争延长学术生命，为达此目的，就必须过简朴生活，使心志不为声色犬马所纷扰，不至于沉醉在人为的“安乐窝”中而消磨时日。必须涵养性情，忠实于一种高尚的学术探求，在充满物质欲望的世界中能够保持心灵的平衡。必须不断学习、思考，尽可能地保持思维的灵敏度。

人的年龄有各种各样，如生理年龄、心理年龄、学术年龄等等。生理年龄不以人的意志为转移，哪年哪月出生，任何人都无权选择，因此年龄也无法选择。但是，心理年龄和学术年龄却是可以选择的，而且人们可以创造一些条件使心理年龄、学术年龄较长时间地保持青春的活力。

生老病死，从人的生理规律来说是不可抗拒的，任何人都逃脱不了它们的制约。但是一生不离高尚的理想，为真理而孜孜不倦地探求；学术工作者尽可能地保持青春的活力，这在一定的条件下是可以做到的。这不需要服用门类繁多的补脑液，不需要成天躺在床上休息，更不需要饱食终日，无所用心，其秘诀在于用脑再用脑，学习再学习，提高再提高，思考再思考，简朴再简朴。如果能做到这些，那么可以肯定地说，在一般情况下可以延长学术工作者的学术生命，这才是学术工作者最大的幸福。

“学术生命”顾名思义是对于学术工作的坚持。对于学术工作者来说，如果他每天忙于非学术性的事务，或者为了各种杂事而奔波，或者在会议上用去许多时间，这个时候，他自己已经脱离了学术研究，他给自己的学术生命画了一个句号，这是怪不得别人的。因此，对于学术生命来说，需要有一股强劲的耐力，不为外界的纷扰而影响自己的志向，命运掌握在自己的手里，这才可能在延长学术生命方面做出成绩来。

总之，对于学术工作者来说，应当爱惜自己的学术生命，并为学术生命的延长而努力奋斗，主动权在自己，外界和他人是起不了多大作用的。

## 第二封

小谢：

有两事：

1) 请你给炳武[①]说一下，我寄了一本《高等教育研究》2000年第6期给他，请他转李军锋[②]同志。收到杂志后，可先在所里复印其中几份拙文《关于教育人文观的思索》[③]，此文经过了一年左右的思索和修改，才有现在这个样子。请将复印件转我所博士生看一看，不是看内容，而是看文字。我力求用规范化的现代汉语。我认为如何使用文字，是一个不可忽视的问题。

2) 在《中华读书报》2000年11月22日第1版上有一篇报导《多位专家挑战学术界不良文风》，亦请复印几份，交我所博士生看看。我没有参加《文史知识》的会，但他们提出注意文风的问题是很有必要的。

此祝

近好

张岂之

2000.12.2

---

① 即何炳武同志，时任西北大学中国思想文化研究所副所长，后调入陕西省社科院古籍研究所工作。

② 时任西北大学党委书记。

③ 此文作者修改时改名为《我理解的人文教育观》，详见后文《致张炜同志》函附录。

## 第三封

小谢：

11月29日我从广东回到北京，30日开了会后，从12月1日起我就开始做偿还“文债”的工作，每天上午写作，已写了几篇短文，并且看了两本书稿。12月我不会外出，1月中旬返回西安。

《汤用彤全集》已由河北人民出版社出版。季羡林先生为《全集》写的《序》，很有哲理性，我复印了一份，你收到后请再印几份交博士生看一看。同时我还复印了北大组织的关于《汤用彤全集》的一次座谈会纪要（发表在《北大学报》社科版），亦请复印几份交博士生看一看。

我所博士生现在应注意一个问题是，要他们写的是“博士论文”，并不是“专著”、“讲义”等，现在动辄数十万字，但无多新意，面面俱到，拼凑在一起，用“量”来冲淡“质”上的不足。论文，有几万字即可，很明快地说明、论证自己的观点，使人看了一目了然，而不是几十万字，不知道作者在哪些点上有新收获。我觉得这是应当改进的。总之，现在博士生培养中的问题不少，质量下降。堪忧！请你和宝才同志研究研究，如何将博士论文的质量再提高一步！

此祝

近好

张岂之

2000.12.16

## 第四封

小谢：

兰天[1]将学位申请书等特快专递寄到我这里。还有他论文的第四章，我都看了。他的论文是用了功夫的，应拿给洪修平、方立天教授审阅，如果他们同意，是可以答辩的。

表中关于导师意见，可以表示：可以答辩，但需首先送同行专家评审。请即办手续，不要误了时间。关于对此论文的具体意见，我上个月给他的信中已经写得很清楚。

此致

敬礼

张岂之

2004.5.11

① 现为西北政法大学哲学系副教授，时在西北大学中国思想文化研究所攻读博士学位，学位论文题目为《中国佛教早期判教理论述评》。

第五封

小谢：

我给兰天的一封信，请你尽快地给他，让他到你处取去。他的论文有一定深度，文字也不错。

4月底，有几位博士生的论文装订成册，请按时送校外专家审阅，看是否可以进入论文答辩阶段?

周益锋论文是写海防思想的，请送中国社科院中国近代史研究所张海鹏先生审，还要送北师大史学史研究所龚书铎先生审，一共是两位。

江心力论文是写20世纪上半叶关于荀子研究的，请送浙江大学古籍研究所束景南教授审，再送山东大学古籍研究所郑杰文教授审。

兰天文请送南京大学哲学系洪修平教授审，再送中国社科院宗教所魏道儒研究员审。

彭国兴文送中国社科院中国近代史研究所丁守和教授审，再送中山大学历史系桑兵教授审。

请按此送审，最晚5月初要寄出。

今年我们所还有几位要答辩?

今年要好好抓一下研究生论文。

此祝

近好

张岂之

2004.4.11

## 第六封

阳举：

《汉初社会与贾谊思想》[①]的开题报告已收到，可惜上面没有姓名，也没有是哪年入校读博士学位的。小事，但也反映做事不细，要对这位博士生提一下，而且所里研究生管理工作亦应细中求细。

从开题报告来看，资料查得比较细，是有一些准备的，不过，这个题目如何做得有一些新意却是不容易的事，要请他注意。只写贾谊的生平不够，只写他思想的几个主要方面也不够，从提纲来看，给人的印象比较"平"。在哪些点上说出前人所未说过的？我没有看清楚。这一点请你转告这位博士生。如果将贾谊与他同时代（汉初）的一些文人学士相比较，他有什么特点？在比较中看其思想的特点，不知是否可以考虑？在诸多研究贾谊的成果中，肯定会有不同的意见；将其中的主要点全勾勒出来，由博士论文的作者加以比较，说出自己的看法，这也许会使问题深化一些。

开题报告中说，从上个世纪 70 年代末至今，对贾谊思想的研究进入"高峰期"，如何评价？如果只是说这个时期对贾谊的礼治

---

① 这是梁安和的博士论文。该同志现为咸阳师范学院历史系教授、副主任，时在西北大学中国思想文化研究所攻读博士学位。

思想、仁政思想、民本思想等等均有研究，可能不够，不只是量上的问题，在思想研究的深度上有哪些进展？

博士论文怎样才能做得深化、深入？当然不可能全篇都是新观点，但无论如何总得有一些新见才好，希望在这个方面多想一想，随着研究的深入，某些创新意见会产生的。请多向博士生导师请教。

以上意见仅供参考。从开题报告看，是下了功夫的，但作者的某些创新观点还是看不到，这不用着急，随着研究的进展，这个问题会逐渐解决的。博士论文切戒平铺直叙。

请将我的意见告诉他。此函可请这位博士生看一看。

祝好！

张岂之

2004.12.27

第七封

小谢：

张亲霞[①]进站，具体研究什么问题，再议，先进站。因为她准备的两个课题都不甚好，所谓《春秋战国时期政治人物的价值观研究》，亦不甚明了究竟研究什么。倒不如改为：《早期儒家学说与战国时代政治人物》。不是"价值观研究"，而是思想与政治人物的关系，这就要讨论战国时"七雄"中某些政治人物与儒学的关系，选择一些典型，不论是赞成或反对儒家的都要进行分析，如何？请酌。

可以办理入站手续。

此祝

近好

张岂之

2005.9.18

① 现为西安外国语大学教授，时在西北大学中国思想文化研究所做博士后研究，研究报告题目为《先秦儒学与政治》。

## 第八封

小谢：

今年6月初博士论文(答辩的)，最好及早寄给有关专家审阅并写出评阅意见。做好每年的博士论文答辩，这是我们研究所的一项主要工作。

祝好

张岂之

2006.4.19

另外，有些研究生给我来信，要求开列书单，这种向学的精神是可喜的，值得鼓励。有志于研究中国思想文化史的同志，可参考我在《中华人文精神》①上开具的二十余种书目，西方的思想文化典籍自然也不可忽视。

现在根据这两年我们研究所研究生的实际情况，稍作些补充和强调，供参考。

一、基本阅读书目(博、硕士生必读书目)

(一) 中国文化典籍：

1.《中华活页文选》，(1—20)选文好，注解好，目的在打古文基础。

① 西北大学出版社1997年版。

2. 杨伯峻:《论语译注》

3. 杨伯峻:《孟子译注》①

4. 高亨:《重订老子正诂》,古籍出版社1956年版

5. 高亨:《周易大传今注》,齐鲁书社1979年版

(二)西方哲学史:

1. 罗素:《西方哲学史》

2. 黑格尔:《小逻辑》

3. 孟德斯鸠:《论法的精神》(读一读)

4.《德意志意识形态》,《费尔巴哈与德国古典哲学的终结》

5. 罗尔斯:《正义论》

二、培养意见

1. 从基础做起,多在古代汉语、最基本典籍上下功夫。

2. 暂时不中西对比,主要为中西对比打基础。

3. 导师不要把自己感兴趣的问题也让学生来研究,学生条件还不完全具备。

4. 硕士生论文偏重于从读书中遇到的问题出发加以解剖,加强做有真切心得的读书笔记。不必强调创见。选题时宜选三个题目,相互比较,一起商量解决,取其一。

5. 指导硕士生的老师到一定时候交换意见,最好采取读书研讨会的形式。

又及

张岂之

2006.4.20

① 杨先生的这两部著作是学术性译注,吸收了丰富的训诂学、版本学研究成果,不是一般的译注。

小谢：

今年6月的博士论文（答辩的），最好及早寄给有关专家审阅并写出评阅意见。做好每年的博士论文答辩，这是我们研究所的一项重要工作。

祝好

[illegible]

2006,4,19

**附：**

## 关于中华人文精神的25种名著(篇)[①]

张岂之

我给读者朋友提供一个书目，作大家选择书籍时的参考。

1.《论语》。这是儒家创始人孔子及其弟子的言论汇编，由其弟子或再传弟子追记写成。可读当代学者杨伯峻《论语译注》，中华书局出版。

2.《墨子》。这是墨家学派的著作总集，全书71篇，现存53篇。可读清代孙诒让《墨子间诂》，中华书局版。其中《天志》、《兼爱》、《尚同》、《尚贤》诸篇可细读。

3.《老子》。也称《道德经》。相传为春秋末期老聃著，一般认为编定于战国时期，保留了老子本人的思想。三国时魏人王弼注本称之为通行本。可读高亨《老子正诂》，古籍出版社1956年版；任继愈《老子绎读》，北京图书馆出版社2006年版。可选读其中若干章。若想作深入研究，则需要看帛书本、楚简本《老子》。1973年湖南长沙马王堆汉墓出土的帛书甲、乙本，它们是《德经》在前，《道经》在后。1993年湖北省荆门市郭店出土的战国楚墓竹简本《老子》，是目前所见最早的《老子》，共分甲、乙、丙三组，是

① 张岂之著《中华人文精神》(增订本)，陕西人民出版社2007年版，第27—32页。

《老子》的不同选抄本，或许是今本分道、德二经的雏形。

4.《庄子》。战国时期道家学派的著述总集。“内篇”为庄子所写。“外篇”、“杂篇”为其后学所著。总共 33 篇。可读郭庆藩《庄子集释》、陈鼓应《庄子今注今译》，中华书局版。其中《逍遥游》、《齐物论》、《大宗师》、《知北游》可细读。

5.《孟子》。战国中期孟轲及其弟子所作，或说是孟子弟子、再传弟子记述。可读杨伯峻《孟子译注》，中华书局版。其中《梁惠王》上下篇、《公孙丑》上下篇、《滕文公》上下篇、《告子》上下篇、《尽心》上下篇可细读。

6.《孙子兵法》13 篇。可读郭化若《孙子译注》，上海古籍出版社版。其中《势篇》、《虚实》、《谋攻》、《九变》可细读。

7.《韩非子》。原名《韩子》。《汉书·艺文志》著录为 55 篇。大部分为韩非所著。可读梁启雄《韩子浅解》，中华书局版，其中《五蠹》、《显学》、《解老》可细读。

8.《荀子》。汉代称《孙卿子》，西汉刘向看到过 323 篇，删去重复的 290 篇，编定 32 篇。今本 32 篇。是经唐杨倞重新编定的。32 篇中大部分为战国末期荀况所作。可读当代学者梁启雄《荀子简释》，中华书局出版。其中《劝学》、《王制》、《富国》、《天论》、《解蔽》、《正名》、《性恶》诸篇可细读。

9.《易传·系辞》。《易传》是解说和发挥《易经》的著作。约在战国末年成书，又称《十翼》，或称《易大传》。其中《系辞》上下篇阐述了人们应顺应时势、自强不息的道理。可读高亨《周易大传今注》，齐鲁书社出版。

10.《吕氏春秋》。亦称《吕览》，战国末秦相吕不韦集合门客编著，被视为杂家的代表作。其中《重己》、《贵生》、《爱士》、《去宥》、《上农》诸篇可细读。可读当代学者许维遹《吕氏春秋集释》，中国书店版。

11.《史记·太史公自序》。司马迁首叙先祖世系，于其父司马谈事迹叙述较详，并录引了司马谈《论六家之要旨》，次阐述《史记》写作宗旨，末系《史记》130 篇提要。

12.《论衡》。东汉时思想家王充所作，对经书和谶纬的“虚妄”提出批评。当代学者对此书的注释，有黄晖的《论衡校释》和刘盼遂的《论衡集解》，中华书局版。其中《自然》、《谈天》、《实知》、《论死》、《订鬼》诸篇可细读。

13.《不真空论》、《物不迁论》与《神灭论》。此乃魏晋南北朝时期三篇名文。僧肇的《不真空论》和《物不迁论》是当时中国佛教所讨论的重大理论问题的总结。《神灭论》是南齐时思想家范缜著，以问答形式阐述“形神相即”的无神论思想，反对佛教“形神相异”的理论。以上三篇可读当代学者任继愈《汉唐佛教思想论集》一书的附录，人民出版社版。

14.《法宝坛经》。又称《六组坛经》，是禅宗的代表作，为六祖慧能的传教记录。可读当代学者郭朋的《坛经校释》，中华书局版。

15.《张载集》。北宋时期思想家张载的著作汇集为《张子全书》，中华书局改版名《张载集》。其中《正蒙》影响较大。

16.《朱子语类》。宋代理学家、学者朱熹的语录汇编。他撰著宏富，有《四书集注》等。后人编有《晦庵先生朱文公文集》和《朱子语类》，可选读若干条。

17.《传习录》。作者为明代思想家王守仁。其思想对明、清和近代都有影响。其著作后人编有《王文成公全书》，又称《阳明全书》，38 卷，可选读《传习录》中的部分内容。

18.《明夷待访录》。明末清初思想家黄宗羲著，是中国古代一部有理论深度的抨击君主专制制度的著作。可读其中《原君》、《原臣》、《学校》篇。

19.《张子〈正蒙〉注》。明末清初思想家王夫之著。王夫之著作现存有70余种，400余卷，后人汇总为《船山遗书》。从20世纪80年代开始，湖南岳麓书社出版《船山全书》，现已出齐。王夫之《张子〈正蒙〉注》，对张载思想的某些方面有继承也有发展。

20.《严复集》。严复为中国近代介绍西学的启蒙思想家。此书由王栻主编，中华书局1986年出版。全书五册，分按语、诗文（上下）、书信、著译、日记、附录等部分。可选读其中《论世变之亟》、《原强》、《救亡决论》、《辟韩》、《天演论·译序》。

21.《康有为诗文选》。康有为是1898年戊戌变法的倡导者、近代最有影响的思想家之一。此书分别于1952年和1958年由北京人民出版社、人民文学出版社出版。

22.《梁启超哲学论文选》。梁启超是近代有影响的思想家和学者。此书1984年北京大学出版社出版。

23.《仁学》。近代思想家谭嗣同著。1917年上海文明书店出版11卷《谭浏阳全集》。1954年三联书店出版了蔡尚思、方行主编的《谭嗣同全集》。1981年该书又出增订本，分上下册。《仁学》是谭嗣同的代表作，记述了中国实行变法的必要性及谭氏的哲学、政治思想。

24.《訄书》。这是章炳麟的代表作之一，反映了章氏哲学思想和关于中国传统文化的见解。

25.《孙中山选集》。孙中山是中国近代民主革命的伟大先行者。《孙中山选集》上下卷，人民出版社出版，其中精选了孙中山的著作、论文、讲演和函电。可选读其中部分内容。

## / 致张茂泽、谢阳举、方光华 /

小谢、茂泽、小方：

时间过得很快，今天已是5月3日。五一长假过后一直到6月中旬，我们研究所的主要任务是招收博士生和博士生论文答辩，两件主要的工作，一定要做好。

1. 关于招收博士生

今年试题的难度加大，考生未必都能答出来。在阅卷前要通览一下，看看情况如何；阅卷中适当宽一些，今年能录取6—7或7—8名即可，不超过8名。试卷评分后，请用特快专递寄我，我再复核。你们打分用铅笔最好，复核改正分数方便一些。

复试十分必要。我6月初回西安，因有论文答辩事，和博士生复试放在一起即可。

2. 论文答辩

五一长假一过，今夏要答辩者的论文需寄给专家审阅。这一道程序，请尽量找学有所成的专家，着眼于全国，不能只是陕西的。关于专家名单，我早已写信给小谢。比如，审阅兰天稿，需要洪修平、方立天两位教授。今年6月间开答辩会，最好能请洪修平教授，他敢于提意见，这对提高答辩会的质量有好处。

我们力争将今年的答辩会开好，提高其质量，希望大家共同努力，组织好。

耑此即颂

近好

张岂之

2004.5.3

清華大學　　1.

小谢、茂泽、小方：

时间过得很快，今天已是5月3日。5.1后从此一直到六月中旬，我们所的主要任务是招收博士生和博士生论文答辩，两件重要的工作，一定要做好。

1. 关于招收博士生

今年试题的难度加大，考生未必都能答出来。在阅卷前要通览一下，看看情况如何；阅卷中适当宽一些，今年能录取6—7或7—8名即可，不超过8名。试卷评完以后，请用特快专递寄我，我再复核。你们打的分用铅笔为好，复核改正分数方便一些。

复试十分必要。我六月初回西安，因有论文答辩事，和博士生复试放在一起即可。

2. 论文答辩

五、一前后一些，今夏要答辩的论文要寄给专家

年　月　日

清華大學　2.

审阅。这一道程序，应尽量找学有所长的专家，着眼于全国，不能只是院内的。关于专家名单，我早已写信给小谢。此外，审查完结，需要与法律系方主任商议。今年六月间开答辩会，最好能找法律系年轻教授，他敢于提意见，这对提高答辩会的质量有好处。

我们力争将今年的答辩会开好，提高其质量，希望大家共同努力，但愿好。

匆此不叙

近好

[illegible]

2004，5．3．

年　月　日

## / 致谢阳举、方光华、陈战峰 /

小谢、光华、战峰：

我用了一整天时间，仔细看了五份博士生论文的开题报告，感觉是：一则以“喜”，一则以“惧”。“喜”从何来？研究生们都抓大题目，有雄心壮志；“惧”从何来？研究生们都想着写“专著”，没有耐心做专题研究。

这五份开题报告有些是“专著”的写法，问题铺得很大，牵涉的问题很多。而博士论文需要对所研究的问题进行深入研究（精深研究），以取得经验。写专著可等若干年后。没有专题做基础，一下就进入专著，功夫不够，效果可能不好，“欲速则不达”，不可不防也。

我给他们的开题报告，都写了一些建议供他们参考。我希望我们反思一下：在培养博士生的过程中，有哪些经验，还有哪些值得我们思索之处？我们应当思索这个问题。

此致

敬礼

张岂之

2013年12月7日

## /致西北大学研究生处/

研究生处：

鄙人认为，博士生今日最值得注意的是质量问题，这需从多方面加以关注。入学考试是其中一个环节。论文答辩又是一个重要环节。我准备从今年起，博士生论文答辩后，答辩会成员不再作"集体讨论"，各人根据自己的观察，认为合格者，可划"○"；认为不合格者，应有划"×"的权利。如果每年答辩完的所有博士生均为划圈者，并不正常。质量是博士生的生命线，在中国思想史学科博士生的考核上，我愿与研究生处一起来把好关，一句话：严格要求！

此致

敬礼

张岂之

2004.6.4

# 附录　论研究生培养

## / 博士生培养的三个方面 /

我培养专门史(中国思想史)硕士研究生,始于 1979 年;国家第二批博士点(1984 年)评审后,西北大学中国思想史学科以及我本人才取得招收和培养博士生的资格。到 1991 年我培养的博士生已有三人获得博士学位,目前在读的还有二人。

回想近几年来,我受国家和学校的重托,培养硕士生和博士生,积累了一些经验和教训。所谓"经验",指的是大体做得对的地方;所谓"教训"则指的是做得不够完善或者对正确的方面坚持不够之处。这两者联系在一起,并没有纯粹的经验,也没有纯粹的教训。因此,我这篇短文中所谈不仅是所谓经验,也不单纯是教训,而是二者兼而有之的东西。

### 一、把"如何做人"贯穿于培养过程的始终

我觉得,思想教育应有两大类,一类是思想政治教育,再一类是做人的教育。这两方面既有联系,又有区别,不能以前者代替后者,也不能以后者代替前者。对研究生的思想教育,丝毫不能忽视做人的教育这一环节。所谓做人的教育,是指要做一个有高尚品德的人,要教育研究生正确处理个人与国家、个人与集体、个人与社会、个人与他人、个人与家庭、个人与老师等等方面的关系。只有在"做人"这

一点上具有高尚的品德，才能有优良的政治素质，才能真正地建立共产主义世界观。如果一个人老是说假话，在灵魂深处个人主义膨胀，到处拉关系，谋私利，做一些不光明磊落的事，不讲道德，不讲道义，那么可以肯定地说：这种人绝对不可能巩固地树立共产主义世界观。所以，我认为做人的道理是思想政治教育的基础，这一环的教育对于博士生来说，也是绝对不可忽视的。也就是说，在博士生的培养全过程都要贯穿品德教育，而且要把它放在首位，孔子说："有德者必有言，有言者不必有德。"（《论语·宪问》）

我偏向于选择有一定工作经验的同志来攻读博士学位，因为他们对自己的要求会更加严格一些。我经常跟他们讲，首先要做一个高尚的人，对国家和民族有用的人，这样才有可能在学术上做出成绩来。这种思想的交流很有好处。在做人上，我不放过任何一个细微点。比如，他们在星期六晚间偶尔玩玩扑克牌，这是很正常的。有一次他们玩的时间较长，多少影响了周围房间的研究生，有人向我反映。我找他们谈话，说明这虽是小事，但也要注意，孔子说："己所不欲，勿施于人。"（《论语·卫灵公》）教育他们要为别人着想，不能干扰别人的休息。中国传统道德中有些内容，我们在马克思主义指导下，加以改造，仍然可以作为指导我们行动的道德教育。而道德的修养只有从一点一滴做起，从小事做起，从身边的事做起，从具体的事做起，才有成效。

我第二批所带两位博士生都有了家小，他们的生活比较艰苦。我用改造了的传统道德去教育他们，和他们共勉。我告诉他们，在我年轻时，生活并不宽裕，但我几十年来相信孔子说的话："富与贵，是人之所欲也；不以其道得之，不为也。贫与贱，是人之所恶也；不以其道得之，不去也。"（《论语·里仁》）孔子又说："不义而富且贵，于我如浮云。"（《论语·述而》）"君子固穷"从某种意义上讲并不错，不要因为生活的一时艰苦而动摇学习的意志。这些话题对他们都起了正面的教育作用，他们都读完了博士生课程，并通过了博士论文答辩。

我还引导博士生参加研究所的集体攻关项目，培养他们的科研集体精神。众所皆知，重大的科研课题，大都是科研群体智慧的结晶。我要求博士生在集体攻关项目中贡献聪明才智，培养他们热爱和尊重科研集体的精神。他们在这方面表现不错。不过，如何将个人著书立说成为名家与关心研究集体相结合，尚需作进一步的努力。

对博士生进行品德教育，提高他们做人道德的自觉性，立志做一个高尚的人；一个对国家民族有用的人；一个正直的人，一个为了高尚理想而奋斗终生的人——我认为这是培养博士生的最重要的课程。

## 二、培养博士生独立研究的能力

这是博士生的另一主课。而独立研究能力的培养，很重要的一环就是博士论文的写作。基于这样的理解，在博士生入学不久我即开始酝酿博士论文题目。这需要导师和博士生的密切合作。博士生对他所从事研究的学科，一般都有较好的基础，对学科的重要成果（如专著、论文等）都有所涉猎。在此基础上，要他们在进一步翻阅资料的基础上，提出几个研究课题，并非难事。而同时，我也根据他们各自的特长以及学科发展的需要，提出有关博士论文的若干问题，供他们参考。这样，师生间的讨论进行若干次，博士论文题目才能确定下来。如我的一位博士生选题为《中国封建社会礼教》，这个题目在中国思想史学科中过去很少有学者研究，材料较分散，要做好需付出很大的精力。另外两位博士生所写《中国近代佛学》、《宋代理学的政治哲学》论文，也都不是轻而易举所能完成的。

我要求他们就自己所选论文题目，参阅国内外有关前人和当代学者的成果，同时规定他们写出对有关成果的评论。这一项工作要进行相当长的时间，这有助于他们吸收别人之长，使他们了解如果论文想在某些方面有所突破和提高需从何处入手。

我要求博士生尽可能完整地、系统地阅读他们研究课题的原始资料，而且要写出资料长编。在这个基础上进行分类归纳，才可能得出切合实际的理论结论。我的一位博士生不但编出了资料长编，而且还校勘、标点了一本与他的研究课题有关的古籍。

博士生写出的论文初稿，是上述两方面工作的系统总结。不过，这对论文定稿来说，还有一段距离。对于他们的初稿，我总是仔细阅读，从论点、资料到文字，提出问题，请他们考虑。我提问题往往采用书面形式，便于他们思索。我要求他们对我提出的问题进行思考，并作出回答，然后再考虑他们论文的论点、资料和结构。于是他们的论文便产生了二稿。我对二稿再提出问题，他们再进行研究，并继续修改论文，以至达到三稿和四稿，我已提不出什么问题为止。在三番五次和博士生磋商论文的过程中，使我更加了解他们的学术功底、思维能力，同时我也从他们的论文中受到启发。这是我培养博士生花费精力和时间最多的一个环节。

如果仅仅是我个人对他们的论文提出问题和意见，那是不够的。我还请他们将论文稿向校内外专家请教，并寄至外地专家审阅。专家们提出的意见，对于他们修改论文和提高论文质量，起了很大的作用。

论文的答辩会，是对博士生独立研究能力的检阅。我十分希望参加答辩会的专家们多提问题，对博士生严格要求。我的一位博士生在答辩中经常用“我发现……”等等口语，实际上有许多东西并非他的“发现”。我抓住一例，指出很早就有学者提出了论点，怎么能说是“我发现”呢？校外专家说：这虽是口头语，但不能随便用，因为这是一个严肃的学风问题。这个博士生衷心地接受了这个批评。后来他跟我说：“学习越深入，就越觉得要‘发现’什么，是很不容易的事。因此，‘我发现’这三个字的份量太重了。”

博士生要在中国思想史这个学科上打下牢固的基础，不是一朝一夕所能完成的。这个基础包括：马克思主义理论基础、训诂文字基础、历史基础、逻辑基础、外语基础等等，特别是外语基础，决不可忽视。1991 年入学的博士生，我要求他们参加英语重点班的学习，在口语上经受训练，以便为将来进行国际学术交流打基础。我们中国的人文科学和社会科学较老的学者，在专业上都有很深的造诣，但往往不能直接用外语进行交流（我个人也不能），不能不说这是缺点。下一代的学者应克服此点不足。

## 三、与博士生建立长期的学术联系

博士生毕业后不可能都留在学校。他们比较年轻，经过较严格的科学训练，多数人将来会成为学科建设的中坚力量。由此便提出了一个问题：西北大学中国思想史学科 1987 年已被评为全国重点学科，编制不可能也不应该任意增加，人员要精；同时研究所又必须担负起学科建设的重任，要有集体攻关项目，又要有持续不断的研究活动。那么，如何完成这个任务？除了将研究所现有研究人员组织到集体项目中来，发挥他们的特长以外，还可以组织已毕业分配到其他单位工作的博士生来参加课题的研究。我们已经这样做了，效果很好。例如，我的一位博士生毕业后回到山西太原工作，我请他参加我们研究所的集体项目，他在工作之余积极承担了一部分研究任务，按时交出了成果。他的成果经过主编修改，认为可以达到一定的学术水平。他自己也觉得这种方式很好，对提高他的研究水平大有裨益。我戏称这是我们自己设置的“博士后”。

吸收已取得博士学位的同志参加重要课题的研究工作，这是一件很有意义的事。因为经过几年的培养，博士生导师和博士生相互之间已有较深的了解，并建立了师生感情。他们之间进行学术合作，一般不会发生所谓“人事”及其他方面的矛盾，得以使学术研究工作顺利进行。同时，博士生刚毕业不久，也需要在集体项目中提高自己的水平。这比一个人关起门来写书，会有更多的交流和请教的机会，更有利于他们学术水平的提高。

由此，我便想到请教育领导部门考虑有计划地正式建立文科博士后流动站。因为这对培养高质量的文科人才是不可缺少的。理、工科早已设立博士后流动站，且行之有效。文科亦不可忽视。当然，设立博士后流动站，应经过严格的评选。

近年来文科博士生的待遇有了提高，加上其他原因，生源有了增加，研究生工作当前的主要任务是提高质量。根据这个要求，我培养博士生的工作尚有差距，经过思考，今后准备在以下几个方面努力去做：

1. 严格入学考试，特别注意面试，了解其思维是否清晰，了解其理论和专业基础的广度和深度。我想强调：思维是否清晰，这是培养中国思想史博士生的基本条件之一。如果不能清晰地用语言文字表述自己的看法，没有经过逻辑学的训练，那很难在学科上做出成绩来；2. 严格进行品德考核；3. 严格执行关于培养博士生的各种规定，使他们养成勤恳好学的良好品质；4. 对博士生要求严格进行外语训练，他们不但要有阅读能力，而且更要提高会话水平，以便于他们将来和外国学者进行学术交流，向外国介绍中国优秀传统文化；5. 要求博士生在研究所内参加一定的集体项目研究工作，提高其科研能力和培养其科研的群体意识(善于和别人进行合作研究);6. 要求严格按照写博士论文的程序进行工作,使博士生养成谨严的学风;7. 严格进行博士论文答辩,防止“人情风”等等与科学不相容的东西羼入博士生培养过程。

我想,只有严格要求,认真地做培养工作,导师和研究生管理人员等密切配合,这样才有可能培养出德才兼备的博士,他们才能为祖国的社会主义建设服务打下巩固的基础。

(原载《学位与研究生教育》1992 年第 4 期)

# 人文学科博士研究生的学术负担不宜过重

教育部主管研究生的机构和设立人文学科博士点的大学，近 20 年来一直都很注意提高文、史、哲和艺术门类博士研究生的质量，在培养规范化方面采取了不少措施，有些已经和正在取得良好的效果。在这里，我想说的是关于人文学科博士生的学术负担问题。读博士生课程、写博士论文，这是博士生必须付出艰巨劳动并加以创造性完成的本分工作。在这样的基本项目上，没有而且不应当有什么负担，那么，博士生的额外负担在哪里？

当前几乎所有设置人文学科博士点的大学都有这样的"硬性规定"：除博士论文以外，博士生在答辩前必须在所谓"核心期刊"和"权威期刊"上发表几篇论文。我觉得对这样的"规定"已到了必须加以认真审定的时候了。

实际上，人文学科博士生用来收集资料、酝酿观点、写作博士论文，大约只有一年的时间。在这不长的时间里，博士生必须全神贯注地投入这项基础性的科学研究实践。如果要分心去写其他文章，还要力争如期地在为数不多的几种被称为"核心期刊"和"权威期刊"上发表，这不仅会影响博士论文写作，而且不可避免地会付出许多非业务性劳动（这一点似乎没有必要说得太明白）。显然，这对高质量完成博士论文是一种额外负担。

当有的人文学科博士生向我倾诉他们"负担过重"的时候，我开始不信，认为，担子压得越重，他们的进步会越大。后来当我联系自己学术研究的实践时，我觉得他们提出的问题值得研究。我虽然是专门从事人文教学和研究的教授，已有多年的研究经验，可是在人文学术研究的工作上有时仍然感到力不从心。这里不妨举个例子：用了几年时间我围绕中国古典哲学的基本问题是什么、中国哲学精神是什么进行研究，逐渐形成了一些看法，认为“天道”与“人道”的关系问题也许就是中国古典哲学的基本问题，用它可以将中国古典哲学的许多方面贯串起来。当我决定将这个研究成果写成一本不太大的专著时，进展并不快，用了一年时间也没有写完。这就是说，我在研究中得到的观点，要将它们变成具有逻辑性、理论性以及可证明性的文字时，这等于开展了另一次研究实践。在这个过程中，我还两次在大学开出了“中国哲学精神”的专题课，但是讲课和撰写专著各有特点，不能等同，而后者可能更加困难一些。这就是说，我用了三年时间，加上我过去几十年研究的积累，要在一年内写出专著来，并未达到目的，只是写了一两篇论文而已。这可能由于我的水平低，思维不如年轻人敏锐，但是我却从自身的实践中体验到，要求一位人文学科的博士生于在读时间内完成博士论文，又要他们同时发表几篇高质量的学术论文，这确实是“负担”。

大学对人文学科博士生的博士论文提出高要求，如在某些方面的独立自得的见解，这无疑是正确的。不过，新见和心得并不是自然涌现出来的，必须经过艰苦的精神劳动才能获得。拿历史学科来说，研究其中的任何一个问题，都必须全面地而不是片面地掌握或发现或重新解释资料，必须参考、研究已经发表的有关著作和论文，而且要写成规范化的现代汉语，不能用符号、数字、公式来代替；在文字的数量上，博士论文好像还没有几百字、几千字的，而是动辄数万字，甚至十数万字。仅从文字、图表、索引等项来说，也都不是倚马可待的。

人们有这样的经验，即或论点不变，只是在文字表达上精益求精，对论文修改数遍、十数遍，这也是司空见惯的事。因此，我认为博士研究生应该在博士论文的整个写作过程中接受严格的科研训练，不可马虎，不能轻率，不能急功近利。要做到这一点，就必须给博士研究生比较充裕的时间，至于是否同时需要在什么期刊上公开发表几篇论文，可不作规定，何必把太多的负担在同一时间里“压”在博士生的身上呢?

鉴往以知来。20世纪有些人文学术大师没有读过学位，即或读学位的，有些在读时间发表了论文，也有些在进行了多年的积累后才发表论文，不可一概而论。还应当看到，各学科间存在着许多差异，理工医农与社会科学以及人文学科有差异，不可同日而语。人人皆知:一般寓于特殊之中，看不到个别和特殊，也就没有了一般和普遍。因此，教育行政部门在制定有关人文学科博士生培养的方案时，希望能考虑到学科的特色、学校的特色，进行独立思考。

还想提到博士生参加导师主持的科研项目问题。这是很好的科学研究实践活动，在自然科学的一些学科内早已这样做了。在社会科学如财经政法学科内也有先例。人文学科可能不太普遍。至于人文学科博士生是否应当参加导师主持的科研活动，如参加编写专著、工具书、整理古籍等等，还要看博士生的时间情况。处理得好，博士生获得科研的实际训练，如果处理不当就可能给博士生带来学术负担。

解决博士生学术负担，主要应从制度上着眼。在欧美一些大学，博士生的论文答辩时间有比较灵活的规定，博士课程读毕以后，约有3—5年时间做论文并参加答辩。目前，我国大学的在职博士生在时间上已有一些小的弹性空间，但对非在职博士生还是硬性规定学制为三年，这可能是造成他们学术负担的主要原因。

在我国，教育观念十分重视整齐划一，为此，大学的研究生处在教育部和国家学位委员会的指导下，又将若干规定加以具体化，同时增加了不少达到整齐划一的条例，目的是为了提高博士生的培养质量。但有时事与愿违，大学的研究生处的条文越是规定得具体烦琐，在某些方面就越是可能挫伤导师和博士生的积极性。没有共同遵守的条文是不行的，但是，怎样的条文才能使研究生的管理和培养工作更加规范化，同时又能发挥导师和博士生的积极性，还能体现不同学科间的差异，这些都需要作冷静的研究和讨论。我觉得，人文学科博士生的学术负担过重，这和一些大学关于研究生的若干具体规定有关，衷心希望有关方面能加以审订，以便有效地达到“不拘一格”、创造性地培养高层次人才的目的。

（原载《中国高等教育》2000 年第 20 期）

# 博士生导师的学术责任[①]

我有机会到西安交通大学来交流关于培养博士生的看法，感到荣幸。

我的专业是历史学，所从事的学术研究方向是史学中的专门史——中国思想史。我来交流，有一个担心，就是我的看法大都是从这门学科指导博士生的实践中提炼出来的，这些与自然科学中的学科有很大差别。不过，不同门类的学科，在指导博士生的问题上是否有一些共同点？是否可以相互交流？我相信：从差异中可以找到大家共同感兴趣的问题，这有助于开阔思路，互相借鉴。我试着来做。

我想谈以下四个问题：一、博士生导师的学术责任之一：着重谈对博士生进行学风教育；二、博士生导师的学术责任：推动科学研究生产力的发展；三、博士生导师的学术责任：为什么要关注人文学术？四、我带博士生的点滴体会。

## 一、博士生导师的学术责任之一：对博士生进行学风教育

开始我没有认识这个问题的重要性。2007 年教育部社会科学委员会成立学风委员会，此委员会的有些同志在高校进行了调查研

① 此为 2009 年 6 月 12 日在西安交通大学博士生指导教师会上的发言整理稿。

究,并写有详细的调查研究报告,通过具体事例说明在人文社会科学本科生、硕士生和博士生中进行学风教育的必要性与紧迫性,并认为博士生的道德教育如果抓住学风这个中心环节,其他问题可以迎刃而解。

此倡议得到教育部社会科学委员会学风建设委员会同志们的一致同意,制定了具体的落实规划,由北京师范大学中文系王宁教授负责,请几位对学风问题有研究的教授参加,编写一本简明扼要的《指南》,全名是《高校人文社会科学学术规范指南》(以下称《指南》),以便进行学风正面教育。此《指南》经过多次讨论,我也参加了,得益不少。此小书于 2009 年由高等教育出版社出版,薄薄一本,只有 68 页。

此《指南》对有关学风的一些关键词是这样论述的:

学风:学风是学术风气的简称,是学术共同体及其成员在学术研究中表现出来的特殊社会风气。

学术失范:指技术层面违背学术规范的行为,或由于缺乏必要的知识而违背准则的做法,如数据核实不足、文献引用出处注释不全等,其动机与情节较学术不端行为为轻。

学术不端行为:指学术共同体成员违反学术准则、损害学术公正的行为,例如:(1) 抄袭剽窃、侵吞他人学术成果;(2) 篡改他人学术成果;(3) 伪造或篡改数据、文献,捏造事实;(4) 伪造注释;(5) 没有参加创作,在他人学术成果上署名;(6) 未经他人许可,不当使用他人署名;(7) 违反正当程序或者放弃学术标准,进行不当学术评价;(8) 对学术批评者进行压制、打击或者报复。

学术腐败:学术腐败是一种极端的学术不端行为,指学术权力的行使者滥用学术权力的行为,例如:利用学术权力不正当获取名利,不正当获取学术资源、侵吞或剥夺他人的学术资源,对学术批评者进行压制、打击或者报复。

在《指南》中还正面论述了选题与资料规范、引用与注释规范、成果呈现规范、学术评价规范，还有学术资源获得与权益自我保护等。其中成果呈现规范包含“成果的构成项目”，如：标题、内容、摘要、关键词、导语、序；包含“成果的发表”，如遵守法律、避免一稿多投等。

以上《指南》中包含的关于学风正面教育，十分重要。而且这种教育应当根据大学本科生、硕士生阶段与博士生阶段的不同情况，结合实际，加强同学们对于学风问题重要性的认识。

博士生导师对博士生进行学风教育，主要并不在于引导他们去读以上所说《指南》或关于学风问题的文件，而是以自己的学术研究实践去影响博士生，使他们从导师的严肃认真、一丝不苟的学风中得到最有效、最直接、最深刻的学风教育。博士生导师都是有多年学术研究实践经验的老师，有学术专著或学术论文发表，在对博士生的教育指导中主要是高尚的治学精神，这比让学生们去读《指南》一类的书更加有效。



## 二、博士生导师的学术责任之二：推动科研生产力的发展

从我国改革开放以来三十多年的历史中可以看到，我国进入新的历史时期，并取得重大成就，是从两个基本点上起步的。一个是农村生产力的解放，再一个是科研生产力的解放。关于科研生产力的解放，我们有许多亲身体会。邓小平同志恢复工作以后，于 1977 年指示立即恢复高考，不到半年，1978 年再次招生。这些是我国科研生产力解放的重大举措，体现了人才是科研生产力的主体。不少博士生导师和教授，就是 1977 年或 1978 年进入大学学习，后来在国内或国外读研究生取得学位的专家、教授。

我国学位制度的建设反映了科研生产力发展的内在要求，它同时也是科研生产力得以不断提升的学术保证。我们博士生导师有责任爱护我国的学位制度，得来不易呀。为什么说“得来不易”呢？建国初期，如1950年，教育部规定：有些具备条件的大学可招收研究生，当时没有学位制度，研究生的学术水平如何估量，也没有详细规定。因此，当时的研究生入校后就感到茫然。我自己就有这样的体验。我于1950年夏从北京大学哲学系毕业，报考清华大学哲学系研究生，被录取。入学后，我才知道当时大学培养研究生并未与学位挂钩，只是说学习两年就可毕业。

没有学位制度作依据的研究生培养，不能说没有成效；但是高级人才的培养，如果没有健全的制度作保证，那是很难持久运行的。这种状况到上个世纪80年代才彻底改观。邓小平同志目睹20世纪后半期世界的变化，特别是科学技术的飞速发展，审时度势，提出“科学技术是第一生产力”的论断，主张借鉴世界上其他国家的学位制度，建立我们自己的学位制度，大力培养学术研究人才和科学技术人才，同时大量派遣青年才俊到技术发达的国家去深造，为我国持续不断地建立起科学技术大军，这样才能保证我国特色社会主义建设取得胜利。

从上个世纪80年代初，我国建立完整的学位制度以来，已取得很大成绩，同时也提出了一些新问题，这些集中到一点上，就是保证研究生（硕士生与博士生）的质量，同时要强调提高研究生的科学创新能力。这里，我想引用国务院学位办主任杨玉良先生的说法，他说，现在我国大陆具有博士学位授权资格的高校超过310所，美国只有253所。2006年美国培养出5.1万名博士，中国大陆是4.9万名。到2007年，我们的博士生人数超过5万人，2008年这一数字继续上升，超过美国成为世界上最大的博士学位授权国家。杨玉良先生提醒，在这种情况下我们应当更加重视博士生的培养质量。

提高博士生的培养质量，这应当说是所有博士生导师的学术责任。如何提高博士生培养质量？各门学科都有自身的要求，但是，如果问题从另一个角度提出，即：目前在博士生培养中有哪些“制度条文”需要改革？这也许会更加有效。我只知道，在我们人文学科方面培养博士生，有一条规定，内容是：必须在“核心期刊”上公开发表2至3篇论文，才准许参加博士论文答辩。其实，教育部学位委员会并没有做出这样的规定，而是高校研究生院或研究生处作出的“硬性规定”。这里，我不敢说这个规定对于所有学科都不适用，但是，我敢于说它对于人文学科是不适用的。这里不必叙述理由，为此，我曾经写过多篇文章，也有不少人文学科的博士生导师对这种“硬性规定”表示不赞同的看法。我翻阅《参考消息》2009年5月21日转载的新加坡国立大学东亚研究所所长郑永年先生在《联合早报》5月19日上发表的文章，其中有这样的话：

“中国教育的评估体系就是这样，把世界上的东西拼凑在一起。尽管是向西方学习，但在西方的任何一个地方，找不到中国版的评估体系。例如，西方的学校也会鼓励博士生去发表文章，但绝对没有像中国那样硬性地规定博士生要在特定的刊物上发表文章后才毕业。类似的荒唐不堪的例子不可胜数。名目繁多的学术腐败也因此而产生。”

虽然引文中有些话说得有些尖锐，但不无参考价值。当然，为提高人文学科博士生的培养质量，并不仅仅是学位论文答辩前硬性规定要求发表几篇论文，这只是一个举例。重新审视关于博士生培养的若干规定，是十分必要的。

## 三、博士生导师的学术责任之三：为什么要关注人文学术？

我国老一辈自然科学家在他们自己的专业上有很高造诣，而且都有相当深厚的人文素养，因为他们少年和青年时期受到中华文化的浸润。这个优秀传统后来中断了，十分可惜。

就我国当前情况而论，在大学读博士学位的年轻学子大都没有接触过祖国的优秀传统文化，对于人类优秀的文化成果了解也不多。这不仅是知识上的一个欠缺，而且会影响科学上创新思维的萌生和发展。因此，在当前情况下，自然科学方面的博士导师关注博士生人文素养的提高，不是一个空想的题目，而具有重要的现实意义。

“人文素养”主要指人文学科方面的知识积累。人文学科指的是文学、史学、哲学、艺术。以往，“人文学科”这个词语在我国使用的频率不高，一般用“哲学社会科学”来指称人文学科和社会科学。尽管哲学社会科学作为世界观和方法论有它特殊的作用，但它不能代替其他人文学科，而将文学、史学和艺术都归类于社会科学，未必十分完善。因此，从词语上看，还是用“人文社会科学”为好，即人文学科与社会科学。人文学科主要研究人的生命、生活的意义，研究人的价值，以及人之所以为人的标准，以及人如何才能进入真、善、美的境界。我们经常说的价值观问题，这是人文学科研究的重点。人的行为和实践活动是由内在价值观所支配，这是众所皆知的道理。在大学本科需要有关于价值观方面的教育，在研究生阶段，也不能或缺，当然，这并不是说要给研究生再开设若干人文学科方面的课程，去进行价值观教育，不是的，而应当注意的是，博士生导师有责任通过适当的方式对研究生进行人文学科教育，也就是生动活泼的价值观教育，这种“言传身教”的方式，对研究生来说，决不是多余的。

这里介绍一则材料：2005 年 7 月 29 日上午温家宝总理到解放军总医院康复楼看望 94 岁高龄的钱学森先生。钱老说："我要补充一个教育问题，培养具有创新能力的人才问题。一个具有科学创新能力的人不但要有科学知识，还要有文化艺术修养。没有这些是不行的。小时候，我父亲让我学理科，同时又送我去学绘画和音乐，我觉得艺术上的修养对我后来的科学工作很重要，它开拓科学创新思维。现在我要宣传这个观点。"(见 2005 年 7 月 31 日《人民日报》)关于钱学森论艺术与科学的关系，还有一则材料，2009 年 11 月 15 日《人民日报》发表《钱学森的最后一次系统谈话》，谈话日期是 2005 年 3 月 29 日。钱老回忆他在美国加州理工学院时的情况，说："加州理工学院还鼓励那些理工科学生提高艺术素养。我们火箭小组的头头马林纳就是一边研究火箭，一边学习绘画，他后来成为一位抽象派画家。我的老师冯·卡门听说我懂得绘画、音乐、摄影这些方面的学问，还被美国艺术和科学学会吸收为会员，他很高兴地说你有这些才华很重要，这方面你比我强。……艺术上的修养不仅加深了我对艺术作品中那些诗情画意和人生哲理的深刻理解，也学会了艺术上大跨度的宏观形象思维。我认为，这些东西对启迪一个人在科学上的创新是很重要的。科学上的创新光靠严密的逻辑思维不行，创新的思想往往开始于形象思维，从大跨度的联想中得到启迪，然后再用严密的逻辑加以验证。"贵校有"钱学森图书馆"，如果在图书馆的合适地方刻上钱老的上述意见，使西安交大学子们(包含硕士生和博士生)熟知钱老的话，将科学思维与形象思维，将人文思想与科学思想融合起来，这有助于将科学创新人才的培养置于可靠坚实的基础上。

不可忽视人文学科，还可以从另一角度去分析，这就是关注跨学科的研究，当然其中不能没有关于"人"的研究成果，这就是人文学科。前些年，我和西北大学谢阳举教授曾经为《西安交大学报》(人文社会科学版)写过关于哲学与跨学科研究的论文,其中论述了当科学技术与人文社会科学两大部类融合、会通时,哲学便有了发展的动力,而科学技术也会产生新发明、新创造。回顾20世纪世界自然科学日新月异的历史,人们会惊叹于这样的事实:没有哪一种发明创新与跨学科的研究没有关系。在21世纪,科学上的创造将会进一步证明这个道理。讲到这里,我向诸位推荐一本书,就是复旦大学哲学系教授金吾伦主编的《跨学科研究引论》,中央编译出版社1997年出版,供参考。

### 四、我带博士生的点滴体会

我不认为,在我的专业(专门史)范围内培养博士生的主要环节是要求他们在论文答辩前公开发表几篇论文。关键是学位论文的撰写,真有研究心得。

一篇历史学方面的博士论文,从搜集材料到定稿,一般需要2至3年的时间,因为这是一次完整的科学研究训练,不可能要求"快"。我的做法是:在博士生攻读学位的第一年即将结束时,请他们就博士论文提出2至3个题目(这是他们已进入博士生队伍时就定下来的事)。他们要用不少时间去检索文献,了解这些课题的研究成果有多少,是否有研究的必要性。我一般不直接给他们出题目。当题目确定后,他们开始系统地搜集、梳理资料,要求他们采用传统的史学研究方法,做卡片、做资料长编,用笔写出,不靠电脑去"打",这样做,他们搜集、整理资料的过程就成为研究过程,会产生出一些新的思路,以便进一步加以"求证"。

博士生搜集资料,做资料长编过程中,与导师有几次讨论。这个时候,导师的指导就显得特别重要。至于形成初稿以后,导师阅后提出修改意见，也是很重要的环节。不经过多次修改，博士论文是难以定稿的。因此，博士生读博士学位，他们最难忘的就是博士论文的撰写，这个环节做好了，他们得到科学研究完整过程的训练，为他们一生的学术工作奠定坚实的基础。

博士论文送校外专家评审，我以为，导师提出名单是应当允许的，因为导师最清楚在某些题目的范围内谁才是顶级科学家。大学研究生院或研究生处选择一些校外专家评审，不告诉导师，我觉得也是可行的。这两方面兼顾起来比较好。

如果校外专家提出不同意某篇论文进入答辩过程，指导教师应冷静考虑校外专家提出不应立即答辩的理由，要有客观的科学态度，不能感情用事。有一年，我遇到这种情况，我认为校外专家不同意我指导的一位博士生在当年答辩，主要是论文在学术水平上还有不足，这应当接受，对博士生和指导教师都有很好的教育意义。到第二年，这位研究生答辩通过后，认为他的论文经过了一年的修改、补充，感到有很大收获，不但不埋怨那位提出缓一年答辩的校外专家，还表示感谢。

导师指导博士生的过程，是教学相长的过程，既是博士生向导师请教，也是导师向博士生学习的过程。导师为博士生写好学位论文付出了心血，而博士生写的有质量的论文，也扩大了导师的学术视野，为“后生可畏”而感到欣喜。

博士导师不是行政级别，也不是行政职务的代名词，而应当是真正的学术研究者。保持博士生导师的本色，就要坚持学术研究这个标准。我国在培养博士生上出现的一些不足，归根到底在于有时背离了学术研究这个根本要求。西安交通大学在培养博士生上卓有成效，严守学术标准而不离谱，值得我学习。最后祝愿交大博士生导师，特别是新近担任博士生导师的学者专家在坚持学术质量和学术标准上做出更大的贡献。

## / 简议人文学术与个性 /

在今年《学术界》第1期上读到刘绪贻先生的文章《应当改变学术期刊等级制的"土政策"》(副题是:高校学位授予体制必须改革),谈的问题比较广泛,但主题是关于人文学科博士研究生的培养,其中含他们在读时间内至少应在"权威期刊"或"核心期刊"上发表两篇论文的规定是否合理。读后有感,请允许我借用《学术界》的宝贵篇幅谈一点个人的看法。

上述规定,遍查教育部所发关于研究生培养和学位授予的规定,没有看到过,那肯定是有些学校自己规定的,动机是为了提高博士研究生的培养质量,也许是为了适应高校评估体系中"量化"的要求吧!不过,在一些事情上,有时动机与效果未必统一;如果执其一端而忽视另一端,往往会出现事与愿违的结果。不妨把问题扩展开来看。我国高等教育在管理上可能过于强调共性、普遍性而忽视个性、特殊性和多样性,这不能不说是一个缺点。在培养人的伟大工程中,单纯从教育行政观点出发,制定若干人人必须遵守的规定,然后从所谓"量化"方面打分数,这固然便于操作,而且在一定范围内也必须这么做,如果对此加以绝对化,使得人们在精神劳动的过程中缺少应有的个人主动性,缺少适合个性发展的弹性空间,这对于培养人才可能是不利的。

刘绪贻教授所提不只是一个具体问题,其中含有深一层的意义,这就是：在我们的教育观念里是否应当有个性发展的要点？教育行政部门在宏观领域充分发挥作用，是必须的；如果事无巨细都要显示自己在管理方面的权威性，这不但达不到目的，还有可能适得其反。

笔者是研究历史学的，不妨从历史的角度来看问题。人们都知道，在很长一段时间里我国人文学术界没有出现公认的大师或大家，当然学者是有的，而且为数甚多。大师必然是学者，但学者未必是大师。原因何在？其中可能有这么一条：在人文学术人才的培养中，缺少个性发展的学术环境。这个环境的标志应当是：提供学人在研究选择方面的可能性。如果毫无选择，只有服从一种规定，那么人的潜在才能、兴趣、爱好很难有充分发展和显露的机会。这个教训值得学人们和教育行政机构深思。

在 20 世纪出现的人文学术大师，他们的学术成就与他们个性发展的状况成正比。就拿去国外留学为例，是否愿意攻读博士学位也有选择的可能性。正如季羡林先生所说："中国近代许多学者，比如王国维、梁启超、陈寅恪、郭沫若、鲁迅等，都没有什么博士头衔，但都会在学术史上有地位的。"①以陈寅恪为例，1909—1915 年间相继在德国柏林大学、瑞士苏黎世大学、法国巴黎大学研习。1917 至 1921 年到美国哈佛大学，1921 至 1925 年在法国柏林大学研究院研习。在这样长的时间里，陈先生以主要精力攻语言学，学习多种语言，如藏文、蒙文、西夏文、满文、朝鲜文、梵文、俄文、希伯来文、东土耳其文等②，以便为研究佛经的文字翻译和历史学打下宽厚、扎实的基础。因此，陈先生没有按照哪个大学的规定去读博士学位，宁可沿着自己选定的治学道路前进。他不必费时间去写博士论文，去参加博士学

① 季羡林：《留德十年》，《季羡林文集》第 2 卷，第 464 页。

② 季羡林：《从学习笔记本看陈寅恪先生的治学范围和途径》，《季羡林文集》第 3 卷，第 272—285 页。

位考试。甚至1926年他到清华国学研究院任导师，当时并没有发表多少论文和专著。陈先生在人文学术园地上开花结果，是以后的事。陈先生是有个性的人，他的学术道路也充满个性化。

在国外以优异成绩取得博士学位，后来成为人文学术大师的，也都是个性突出的。比如，季羡林先生在20世纪三十年代到德国哥廷根大学留学，他选择的主攻方向是梵文和印度学，就是非常个性化的，既非理工医农，也不是财经政法，将来如何就业？季先生当时考虑的是学术而不是谋求一种职业，是探求学问的愿望，这和世俗的想法不同，这就是个性化。在他的记忆中，他取得博士学位，是经过了严格学位考试的，其中，博士论文“是学位考试至关重要的一项工作。教授看学生的能力，也主要是通过论文。德国大学对论文要求十分严格，题目一般都不大，但必须有新东西，才能通过。有的中国留学生在德国已呆了六、七年，学位始终拿不到，关键就在于论文”[①]。据季先生说，除博士论文外，他还经过印度学、斯拉夫语言和英文的口试。但季先生没有说，除此还要在德国的什么学术杂志发表多少篇论文。

人文学术大师都有他们自己独特的学术道路，他们在学术成果上的创造性和独特性，是和他们的个性发展联系在一起的。这应当看成是教育学和人文学术研究中的重要问题。如果没有允许学人们个性发展的学术环境，要产生大师，那是很难的。至于我国高校博士研究生是否应当在什么杂志上发表几篇论文，似可不作规定。发表，可以；不发表，也可以。关键是博士论文的质量；关键中的关键是应当允许学人们在学术个性发展方面有比较开阔的空间。

本文所谈“个性”，不仅指人文学术研究者的不同治学路径及其

① 季羡林：《留德十年》，《季羡林文集》第2卷，第461—462页。

成果的特色，而且包含人文学术研究成果本身的特点。教育行政机构如果对这些没有比较深切的理解，只是用一种尺度来衡量所有学科，就有可能发生误导。

这里不妨举几个例子来看。例一，关于人文学者的年龄问题。因为年龄当前已成为“量化”中的一项重要指标，不能不谈。人文学科中的历史学，如果硬要和数学、化学、物理学以及若干技术科学相比，找出20多岁的历史学家，我觉得那是不可能的。道理很简单，历史学除要求研究者对史料和理论有造诣以外，还必须要有人生阅历经验的积累，否则体验不了历史事件的意义及其影响。20世纪历史学大师都是有了相当的“积累”以后才在史学研究中写出创造性的学术著作。王国维（1877—1927）早年攻哲学，对叔本华、尼采的哲学思想深有研究，转而攻文学，给我们留下《〈红楼梦〉评论》、《人间词话》、《宋元戏曲考》这样开辟一个学术时代的创新之作。晚年攻史学，并将甲骨文作为史料运用于商史研究，注重地下文物，给我们留下《古史新证》等许多史学研究成果。陈寅恪（1890—1969）于1940年写成《隋唐制度渊源略论稿》，这时已是50岁。1941年完成《唐代政治史述论稿》。1950年出版《元白诗笺证稿》。晚年从1954年到1964年，完成大作《柳如是别传》，1980年出版。再说郭沫若（1892—1978），他对古文字作了全面精深的研究，留下《甲骨文字研究》、《卜辞通纂》、《殷契粹编》、《两周金文辞大系图录考释》、《金文丛考》、《古代铭刻汇考》等古文字著作。他的第一部关于中国古代社会史著作《中国古代社会研究》，1930年出版，其时郭先生正是壮年的38岁。抗日战争后期写成《青铜时代》、《十批判书》，郭先生已是五十多岁的史学家老前辈了。他毕生笔耕不辍。以上例子说明，史学人才的造就培养，一定要注意为他们打好学问的坚实基础，否则后劲不足，很难有大的成就。

当然,对于人文学术研究的梯队来说,应当有老、中、青的结合,有合理的年龄结构。但是对于学术带头人,对于一位学者的学术生命来说,则取决于每个人的身体状况和思维运转的具体情况。众所周知,季羡林先生在“文革”以后,就是他 68 岁以后至 20 世纪末共写出 300 万字的作品(含散文、杂文、学术论文等等)。季先生深有感慨地说:“规定 60 岁为老年,在旧社会是可以的。然而,到了今天,专就我们搞人文社会科学的人来说,60 岁正是黄金时期。读书多了,资料掌握也多了,正面和反面的经验和教训都已经有了,正是写作的最佳时刻。然而社会却突然告诉你:你已经‘老’了!不中用了!成为社会的负担了!老龄化一个‘化’字就把你打入另册。谈老色变,好像是谈爱滋病,环境污染,生态平衡等等威胁着人类生存前途的祸害一般,老龄人也威胁着人类的生存。”①季先生所说并不为过。我衷心希望人文学术工作者应力争延长自己的学术生命,为人文学术的发展多做贡献。在这一点上主动权完全在自己,可以不受其他因素的制约。

例二,关于人文学术高级职称的评定工作。在这方面,大家熟知的一个条例是:由副教授升为正教授要有若干篇在“权威期刊”和“核心期刊”上发表的论文,还有关于专著的要求。这就是说,正教授必须要有科研成果,这是合理的要求。但是在人文社会科学和自然科学越来越显示群体合力作用的时候,只强调个人的论文和专著,显然有偏。笔者认为,对于人文科学来说,应承认其研究成果的多样性,个人的论文、专著是一种形式,参加集体项目的研究并已结题、有可能做出切合实际的估量时,这又是一种形式。我国人文学术园地里有些质量高、卷帙大的研究成果并非一两位学者所能完成,而是人文

① 《谈所谓“老龄化社会”》,《季羡林漫谈人生》,百花文艺出版社,2000 年版。

学者群，甚至有自然科学专家参加共同完成的。这种方式值得提倡，在这种方式中有过贡献的学人，应得到公正的评价。在职称评定中最好注意各种形式的成果，不可只是选用一种形式，比如只限于个人论文。

以上从人文学术管理的不同方面说明个性化的重要性。只有人文学术个性化得到发扬和支持，才可能形成不同的人文学术流派，各有特色，绚丽多采，相互竞争和讨论，从而形成“百家争鸣”的人文学术繁荣景象。人文学派的形成，决不是依靠一些行政措施，也不是用一个模式制作出来的，而是在民主的学术环境中，研究者们认真地进行研究，逐渐形成不同风格、不同研究重点、不同研究队伍的学派。在笔者看来，人文学术研究宏观方面的指导是必要的，但微观方面的若干具体问题，并不需要一个统一模式。就是说在微观方面应当允许大学的研究机构在原有基础上发扬优长和特色，由它们自己去确定研究机构的形式和内容，以及人员组成和选择研究课题等等；这样的研究机构才可能逐渐形成学术特色，符合人文学术研究的规律性。人文学术研究切戒单一模式化。

这里不能不再次谈到“量化”问题。“量化”已被移植到我国大学各种学科（含人文学科）的评估体系中。“量化”是人们对学术进行评估不可缺少的手段之一，但对此不可绝对化。因为越是易于操作，越是体现标准的一致性，便越加容易忽视个性和特殊性，忽视研究成果的质量。同时，从“量化”方法的操作中，我们也许会看到更深的问题。众所皆知，“量化”的评估方法主要源于美国的高等教育。美国的科学技术教育、法律教育、财政金融教育、管理（指经济管理并非国家行政管理）教育都有很高的成就和丰富经验。不过，美国在人文学术方面比之欧洲的一些国家可能略逊一筹，它缺少应有的思想深度和历史的深厚积累，主要表现在哲学成就的不足。人们熟知的是，在

20 世纪美国出现了杜威、罗蒂这样的实验主义哲学家。罗蒂提出“哲学死亡论”，声言要用“文学批评取代哲学”。美国没有出现“后哲学文化”(或称之为后现代主义)的哲学大家，这方面有世界影响的大家如福柯、德里达都是法国的学者。西方现代哲学有名望的代表人物，大都是欧洲人①。其他关于宗教神学的研究，美国大学也不如欧洲的一些大学，如德国图宾根大学、马堡大学和比利时卢汶大学。

举出上述例子是想说明，我国高等教育在借鉴美国的时候，应看到它的不足。在 21 世纪我国高等教育中的人文学术研究应从我国实际情况出发，发扬自身的长处，注意民族特色和个性，考虑国家的财力和祖国人文学术研究的传统，吸取世界上高等教育人文学术研究的经验作为借鉴、参考，不能照抄照搬。

可以预计，在 21 世纪我国人文学术将会有很大的发展。怎样才能健康地发展？这需要学人们开展讨论，教育行政部门最好听听各种有益的意见，不可以为自己所拟的条文都是正确的，无可非议的。正是本着这样的要求，我提出以上的看法，供学界参考。

(原载《学术界》2000 年第 3 期)

① 参看张世英：《进入澄明之境：哲学的新方向》，商务印书馆，1999 年版。

## 我理解的人文教育观

我想通过我国高等教育的走向来说明自己的一些论点：论述的主题是关于大学的文科教育，特别是文学、史学、哲学以及语言和艺术学科，即简称为人文教育问题，确切地说就是关于教育的人文观。

### 一、大学与综合素质教育

中外关于“大学”的定义可以举出很多，例如：“大学有大师之谓也”“大学是探索高深学问的场所”“大学是学者们（教师和学生）合作研讨学术的场所”等等。但当我们进行深层思考，从 21 世纪中国高等教育的发展来认识，就会发现以上的定义都有不足之处。中国的高等教育不能脱离中国这个主体。众所周知，我国是一个发展中的大国，历经挫折磨难，从 20 世纪 70 年代末开始进入改革开放的历史时期，经过 20 多年的奋斗，在各个方面都取得了很大成绩，将在 21 世纪中叶基本实现社会主义现代化。这个任务极其艰巨，人们将存在的困难和问题加以归纳，便形成这样的看法：需要以全国的力量在两个“素质”上做积极的、坚韧不拔的提高工作，即国民素质和环境素质。

针对我国的具体情况，1999 年 6 月中共中央召开了第四次全国教育工作会议，并发布了《中共中央国务院关于深化教育改革全面推进素质教育的决定》(以下简称《决定》)。什么是"全面推进"?第一,对我国的教育方针应有全面的理解,德、智、体、美是一个整体,缺一不可,这叫做人的全面发展。第二,将素质教育贯彻于幼儿教育、基础教育、高等教育等各级各类教育中,当然其内容和侧重点有所不同。

大学是推行素质教育,即与专业教育相结合的素质教育的场所。这是一个新提法,是我国教育观念、教育理论上的创新发展。21 世纪上半叶的教育离不开这个总方针。对于《决定》的精神,周远清在一篇文章中谈到他的认识,请允许我摘引几句:

"素质是在先天生理基础上,经过后天教育和社会环境的影响,由知识内化而形成的相对稳定的心理品质。……知识、能力、素质三者是素质教育中的三个要素,并且是相辅相成的。……高等教育在人才培养的问题上,从重传授知识到重视能力直至注重提高素质,经历了一个较长的历史过程。……正确处理好知识能力与素质的关系,促进三者的协调发展,是素质教育思想的关键所在。……高等教育是培养专门人才的专业教育。在高等教育领域倡导素质教育的思想,……应将素质教育渗透到专业教育中,贯穿于人才培养的全过程。"①我赞同上述观点。不过,如果对高等教育直接作这样的界定:高等教育的任务是培养优秀综合素质的人才,也是恰当的。因为专业教育与科学(专业)素质教育具有相同的内容。除此以外,还有思想、道德、心理、身体、文化素质教育等方面。注意各种素质教育之间的协调发展、相互渗透,这样才能达到培养德、智、体、美全面发展的高级专门人才的要求。

问题是:大学的人文社会科学,即简称为"文科"的学科和专业,

① 周远清:《素质、素质教育、文化素质教育》,《中国大学教学》,2000 年第 3 期。

在综合素质教育中占有什么地位？这里仅从课程设置来看，在大学进行政治理论和道德品质教育，这属于思想、道德素质教育的范畴，无疑是“文科”的门类。近些年来在大学开展的文化素质教育，受到理工科大学生的普遍欢迎，其中文学、史学、哲学、艺术类的课程占有一定的比例，以培养学生读、写和逻辑思维的能力，以及如何在做人上下功夫，成为综合素质教育的基础和切入口。在身体、心理素质教育中，文科也占有重要的地位。至于科学（专业）素质教育，如果没有文科，往往难以全面、深入地开展。因此一些理工科大学根据自身的具体情况，规模不等地设立或适当改进原有文科的教学机构，开拓文科方面的课程，这已经是有目共睹的事实。由此可以得出这样的论断：文科教育是大学推行综合素质教育的基础、引导和保证。

关于人的综合素质的集中表现，有的学人不久前发表论文说：“创新意识和创新能力是人的综合素质的集中表现。”①在我看来，如果用另一种表述：人们对于人生价值和理想的认识与实践，才是人们综合素质的集中体现，这样也许涵盖面会更加宽广些。

将综合素质引进教育理论和实践，很自然地会引导出“以人为本”的办学方针。这正如清华大学王大中院士所说：“清华大学的实践告诉我们，要创建世界一流大学，不改革不行；要搞教育改革，不转变观念不行；转变观念，不仅涉及——关于教育目的、内容、方法等，而且还涉及办学的方针和模式。清华大学在规划建设世界一流大学时，提出了‘以人为本’的办学方针和‘综合性、研究性、开放式’的办学模式。”②这里所说的“以人为本”，我的理解就是把人文精神引进教育，以培养高素质人才为大学教育的目标。建设一流大学如此，各级

① 陈志尚、陈金芳：《关于人的素质两个理论问题》，《北京大学学报》（社科版），2000年第4期。

②《中国大学教育》，2000年第1期。

各类大学也不能离开这个方针。这是我国在21世纪关于大学教育观念的新发展。



## 二、科技、经济与人文社会科学的联系与渗透——人文精神与科学精神的结合

关于科学技术，特别是高科技的重要性，毋需论证，大学在这方面应当有深刻的理解。值得教育家们和科学家们思考的是，如果科技与人文社会科学的联系、渗透不够，将会带来怎样的后果？

这种看法已成为世界科学界的共识：科学技术的发展如果没有相应的"高思维"的引导，它们有可能对社会造成危害。美国未来学家约翰·奈斯比特在《高科技·高思维》一书中也宣传了这个观点。

在我国，由国家领导人结合高科技发展趋向，从更加广阔的世界科学发展的背景及时地提出科学技术必须和人文伦理相联系，这是十分重要的。

无数的事例证明，只有科技的发展而没有人文社会科学与之渗透和配合，科技在一定条件下可能危害人类和社会，因此科技不是万能的。同样，人类社会的发展必须要有生产力，即经济的发展，但如果这一发展不和人文社会科学相渗透，也有可能走向另一个极端。如果说古人尚能感受到人与自然二者间存在着伦理和相互爱护的关系，即相互协调的关系，为什么今天人们竟会忘记古代的一些真理，以至受到自然的严重惩罚呢？这是缘于科学技术和经济与人文社会科学的割裂，这值得很好地吸取教训，使我们在解决人与自然、人与社会关系时变得聪明起来。

大学应当承担这样的任务：在科学技术、经济与人文社会科学的联系与协调发展方面做出重要贡献，在理论上和实践上都要有新的

创造。反过来看,如果大学不能提出和试着解决时代的尖端问题,仍然墨守成规,否认文科的深层意义和作用,那就会失去在教育和科学上应有的地位。总之,大学应当是时代精神的折光镜,是先进文化的研究者和传播者,是人文精神和科学精神的统一体。

关于人文精神和科学精神的关系,这里想多说几句。在西方曾经出现过人文主义思潮,它们是特定历史条件下的产物,而且具有特殊的含义。例如,15 世纪欧洲文艺复兴时期的人文主义思潮,其内容是恢复和发展希腊古文明的人文精神,把人们从中世纪神学的桎梏中解放出来。19 世纪末和 20 世纪初,美国产生了新人文主义,这是由于资本主义生产力的迅速发展,使得社会的物质和精神力量失衡,社会出现了过分追求物质的价值趋向,于是明智之士提出用人文思想来挽救社会危机。到 20 世纪 40 年代中叶,第二次世界大战结束,欧美的许多思想家和教育家们反思:为什么新的科学技术被扭曲、转化成德、意、日法西斯的武器,用来发动侵略战争和残害无辜的平民?人们得出结论:只有科学技术是不够的,还必须有体现正确价值趋向的人文主义作为科学技术的依托,这样,科学技术才能成为人民的福音,而不致变成残害人类的毒物。由此,从 20 世纪 50 年代起,欧美许多大学都在试验如何开展人文教育,并使之在课程设置和教学实践中体现出来。

我们提倡的人文精神具有我国历史文化的特点,同时也是现实所需要的。一句话,它的含义是:人实现自身价值的精神,也就是实现人的全面发展的理想;把对人的尊重提到一个新的高度,这是属于人的精神世界的问题。因此,人文精神与科学精神不能划等号。科学精神主要是探求物质和生命世界的未知问题,实事求是,经得起实践检验的精神。大学专业教育就是科学精神的体现。在大学不能用人文精神代替科学精神,也不能用科学精神去排斥人文精神,二者相辅相成，相互促进。不过，由于人文精神长期被忽视，因而在一定时间内对它适当地加以强调，是有必要的。

人文精神与科学精神之所以必须结合，是因为科学技术需要引导。科学家们说，人创造了科学，人有能力去引导科学。对科学的引导，政治是不可缺少的，但是只靠政治还不够，因为政治所解决的是科学与国家政权关系的问题。至于科学技术的学风问题、个人与科学群体的关系问题、科学技术成果的运用问题等，要靠人文精神去引导，使这些落实到为人的高尚理想和幸福生活服务这一焦点上。这也许就是大学文化的核心。办大学如果只是注意硬件，而忽略大学文化的建设，迟早会尝到苦果的。轻视大学文化，将会受到大学文化的惩罚，这是不以人的意志为转移的客观规律。

在我国大学里，文学、史学、哲学、艺术被称为人文基础学科，对学生和教师的人文素养的提高是不可缺少的。因此，在人文精神和科学精神相结合的前提下，如何正确认识这些人文基础学科的作用以及它具有怎样的特点等问题，有必要进行研究，不能套用科学技术发展的状况，而把这些人文基础学科称之为“过时的知识”、“无用的知识”等等。

## 三、人文教育的特点与视野

人文教育不同于理工医农等自然科学教育，也不同于财经政法等社会科学教育。有的学者说，人文教育，例如汉语言文学专业教育具有非功利性特点①。我想补充一点，人文教育不强调物质的功利性，其作用主要表现在人的精神方面，讲人的精神世界的效果。人，

① 见赵宪章：《关于汉语文学专业教改的思考》，《南京大学中文系学刊》，1999 年。

既能创造物质财富，又能提供丰富的精神产品；通过这两个渠道去实现人自身的价值，从而实现人的全面发展的理想。不过，人们重视物质的功利性，忽视或低估精神创造的作用，是比较普遍的现象。

还有一种情况，人们认为对人的精神塑造主要靠社会科学，而非人文学科。这是值得商榷的。实际上，这两者对人的精神世界都有重大意义，而后者可以说是前者的基础，它表现为对人的理论、思想和能力的培养，表现为人的综合素质的提高，表现为对人的感情的陶冶和培育，表现为提供人的价值实现的途径。因此，可以这样说：不论科学技术如何发展，而人文教育的这个主要功能是不会改变的。只有在这个前提下才能有效地解决教育中基础与应用的关系。教育不但使人掌握认识和改造世界的理论、知识和技能，而且人在接受教育的过程中必然改变自己，使自己走向更高的精神境界。这个目标的达到，不能离开人文教育。科学理性代替不了人文理性，二者需要结合，这是20世纪人类文明发展史所证明的真理。



大学人文教育除以上所谈的不宜受功利性的冲击外，也需要考虑学科之间的渗透，考虑大学生毕业后的就业问题。因此，在主修人文课程的同时，辅修或同时取得两种学士学位，是学校和人文学院应当考虑的问题。通过这种具体的操作，使大学生将人文教育与社会科学教育以及科学技术教育结合起来。这不是理想，有的大学人文学院本科生或理工科本科生同时兼得其他学士学位，这已有先例。

还要提到，经过多年摸索，学人们认识到，外国语言的教学和研究，不单纯是“技能训练”。语言学是人文学科的主要组成部分，学习和研究中外各种语言，都需要有比较宽厚的文化基础。在很长一段时间里，我国大学外语系或专门性外国语大学的毕业生，关于中国文化和世界文化的基础和根底可能有一些欠缺，因此关于语言学本身的研究以及关于外国文学的研究，都显得功力不足。现在越来越多的人文学者认识到，学习外国语言文学，应当有本国语言和文化的深厚基础，需要开出这方面的课程，让学生们选读。近三五年的实践虽然难以看出明显的效果，但是这个方向是许多外语教学的专家们所赞同的。这种办法坚持下去，积以时日，将会从根本上提高我国外国语言文学的学术和研究水平。

从我们前辈卓有成就的外国语言文学和文化学者来看，他们都有关于本国文化的深厚修养。比如，冯至先生精研德国文学，但他对中国古代"诗圣"杜甫也有研究。朱光潜先生在西方美学理论的研究方面有独到的成就，他同时对中国古典诗词也有深厚的修养。精研外国哲学的学者贺麟先生，他同时对中国宋明理学，特别是对王阳明哲学的研究也很有功力。从这些学者的治学路径中，我们可以获得许多启示，对外国语言文学的教学与研究是有借鉴意义的。

中国大学生学习外国语言文学，以中国历史文化作为必要的基础之一，不但是学科发展的需要，而且也是时代发展的需要。在 20 世纪，关于中外文化关系，学人们曾经提出"拿来主义"，主张广泛地从外国吸取优秀的文化和科学技术成果，在这方面做出了显著成绩。到 21 世纪，只是"拿来主义"显然不够了。我国的国际地位以及自身发展的要求，需要有"送去主义"，将中国的优秀文化介绍到国外去[①]。"拿来"和"送去"，是学习和研究外国语言文学的专家们义不容辞的任务，而且会越来越显示出"送去"的重大意义。因此，应从现在起在外国语言文学系加强关于中国文化的基础训练，最好能在教学计划





① 参见季羡林：《"拿来主义"与"送去主义"》，《季羡林漫谈人生》，百花文艺出版社 2000 年版。

中得到落实①。

## 四、人文教育和研究的选择性

大学的人文教育不能离开大学这个主体环境。因此,所谓“选择性”应从大学自身说起。我国在教育方面的法规《教育法》、《高等教育法》已颁布实施,在以法治教的前提下高校逐步扩大治校的自主权势在必行,要办出特色来。如果大学只是执行教育行政领导部门的具体布置,这不仅会挫伤大学领导和师生的积极性,而且会使教育行政领导部门忽视大计方针,陷于具体事务而不能自拔。这是值得教育界领导和专家们关注的大事。

学校的自主权是大学人文教育和人文研究多种选择性的立足点和依托。社会是复杂的,人的精神世界也是复杂的。从某种意义上说,对社会和“人”的精神研究甚至比对自然物质和生命物质的研究还要困难。这说明对“人”的精神世界和社会的研究,需要从不同的侧面和相异的层次上,用不同的方法进行探索研究。这里所谓“不同”和“相异”,实际就是指的人文教育和人文学术研究的诸多选择性问题。在教育上不能否认一般、普遍原则的指导作用,但是,不可以在强调这方面作用的时候,便忽略特殊、个别的意义。一般寓于个别之中,忽视个别实质上是对一般的否定。将一般与个别统一起来,重视个性教育,重视办学特点,克服“千校一面”的状况,在 21 世纪我国



① 笔者于 2000 年曾经为清华大学中文系草拟“中外文化综合班培养方案的建议”,其中第一条“培养目标”是这样写的:“培养德智体美全面发展,有中外文化宽厚扎实基础,对本国历史文化有较深理解的中外比较文学的高级专门人才。”在阐述中,有这样的说明:“过去培养文学研究方面的人才,对文化的整体似乎注意不够,特别是对本国历史文化需要适当加重。综合班要落到一个专业上去,同学学习的主体是中外文学,因此可以落到‘比较文学’这个专业上去。”

大学教育改革中应当是一个不能回避的主要问题。

在大学人文教育和人文学术研究中,应创造必要的条件,使教师和学生有较多选择的可能性。例如,人文课程开哪些、如何开,教材如何写,考试怎样进行;人文学术研究如何开展、研究机构如何设立、其成果如何评估、对人文学科教师如何要求等等,这些既有与理工科相同的方面,也有相异之处,不可一概而论。就拿考试来说,人文学科的考试方法就有自身的特殊要求。对于教育行政领导部门来说,关于人文教育和人文学术研究可以提出宏观方面的规定,各校遵照实行,但是具体方面的若干规定,各大学有自己选择的主动权。这样,大学的人文教育和人文学术研究才有可能逐渐形成自己的优势和特色。

人文学术需要发展,自然、社会和人自身提出了许多新问题,如果对这些不进行研究,没有学术的新观点,那么人文学术就会停滞不前。只有人文学术个性化得到发挥和支持,才可能形成"百家争鸣、百花齐放"的人文学术繁荣景象。人文学派的形成,不是依靠一些行政措施,也不是用一个模式制作出来的,而是在民主的学术环境中,研究者们认真地进行研究,逐渐形成不同风格、不同研究重点、不同研究队伍的学派。这些学派都是中国的学派,带有中国的风格和特色。

选择性不是随意性。因此,大学人文教育和人文学术研究应当有哪些选择性,需要人文学科的专家和教育行政管理方面的领导以及教育家们一起来研究。在研究中将教育规律和教育法规提到第一位。这就是说,人文教育和人文学术研究的选择性之确定,只能依据国家法律及人文教育和人文学术研究的内在规律来确定,不是由行政权力来决定。对于教育行政领导来说,应排除一些人为的干扰,虚心听取各种意见,只有集思广益,才能够做出符合实际的结论。

## 五、人文教育和学术研究的规范性和创新性

我将人文教育和人文学术研究放在一起来论述，是基于这样的原因：大学是进行人文学术研究的最好场所，将教学与科研加以结合，既能提高教学质量，又能促进科学研究。我在大学从事教学工作数十年，特别是最近20多年，深感教学和科研二者具有深刻的内在联系。如果要寻找人文学术研究的源泉，那么我会这样回答：大学的教学工作以及教师和本科生及研究生的教学相长，是人文学术研究永不枯竭的源泉之一。可惜，现在综合大学的文科骨干教师有不少人没有充分时间去做自己的本职工作，需要给他们以时间和空间。我认为，在今天，大学文科教师坚守学术岗位，维护学术尊严有特别重要的意义。

前面我讲的人文教育和研究的选择性，实质上和学术的规范性是联系在一起的。这种规范性在哪里？对它如何表述？首先就在于教学实践。如果教师关于人文学术的研究成果不能在教学实践中得到应有的检验，不能给本科生和研究生以人文的知识、理论和能力的启迪，就说明这种"成果"可能有与科学精神及人文精神不协调的方面，是需要加以修改的。对于教师来说，不论他们是否自觉地认识到这一点，实际上他们总是把人文学术研究成果首先运用于教学实践，从这里才会检测出他们的研究成果是否符合规范性要求。大学人文学术研究之所以具有活力，就因为这里有丰富多彩的教学实践，有多种学科的相互渗透和影响，有青年学子们在这里探求学问，有各种学术论辩和交流。这样的学术环境必然要求人文学术研究的规范化。

近若干年来，人文学术界热烈地探讨并呼吁建立学术规范，认为确认人文学科研究成果的创造性思维应当具有准确的理论基础，有

严密的逻辑性，有科学的理论和方法，有有效的客观检测。总之一句话，人文学术成果毫无疑义是有质量标准的，并不像有些人说的那样愿意怎么说都可以。比如历史学，一个新观点和新思路的提出，要看它所依据的史料是否是新发现的史料；对于已经普遍使用的史料是否从新角度去作比较切合历史实际的说明和解释；史料的真伪、全面与否；整个研究过程的逻辑分析方法是否具有科学性；与前人在某一问题研究上所达到的高度相比，是否有所进展；对已经发表过的研究成果是否有全面的审察等等。通过这些环节不难检测出历史著作的学术价值。

关于哲学，其推演离不开一定的范畴和概念，甚至要使用有特殊含义的符号。如果遇到喜好制造“体系”的哲学家，人们读到他们的著作，几乎都是范畴概念的推演。对于这样的人文学术成果是否符合学术规范化，也可以检测出来。比如，某些哲学范畴和概念如果具有双重和多种含义，作者时而用此，时而用彼，致使由这些范畴和概念构筑的“体系”发生歧义和裂痕。再有，其“体系”并不能包罗万象，事实上也不可能做到这一点，但作者却把它说成已囊括一切。还有，作者所用的概念、范畴与现实状况相比，二者并不相符。比如“和合”这个概念，有的研究者用“和合”去加以说明，但是人们从现实世界中发现，除此还有冲突的一面，如何使冲突化解为和合，就是一个值得研究的大课题。可见对于科学抽象的哲学来说，也有它自身的学术规范要求。

自然科学、社会科学、人文学科之所以被称为“科学”，说明它们都有自身严格的科学规范，尽管规范的内容和检测手段有很大的区别。人文学术研究要真正地发挥在人的精神塑造方面的作用，就必须规范化，同时在学科发展过程中建立自己完整的学术规范和独特的检测手段。

人文教育的深化和发展，要有许多条件保证，其中之一就是人文学术研究的创新性。这是一个既有理论又有实践意义的复杂问题，这里不可能全面探讨它，只是提出与此有关的几个方面来谈一些看法。

人文学术研究的创新离不开对优良学术文化传统的继承，这些比自然科学中的表现得更加明显。比如人文学术中的一个分支历史文献学的研究，必须有古文字学、历史学、训诂学等一系列的专门知识，这些在我国都有悠久的历史传统。再如关于中国古典诗歌、小说、戏剧的研究，前人在这方面已有大量的研究成果，这些并不因为岁月的流逝而失去意义，因此，中国古典文学的研究也离不开对学术传统的继承，而创新则是在继承基础上的发展和提高。

可惜，像这样一些众所皆知的道理有时会被忘却。比如，在衡量人文学术研究成果的时候，规定以最近几年为限，此前的不算。从宏观方面说，这违反了继承和创新的辩证统一原则；从微观角度看，对于一个研究者来说，做完一个课题的研究，写成著作以后，他要重新开始做另一个课题，用几年的时间来搜集资料，从事研究，很有可能在这个时间段内没有公开发表论文，但这并不等于他中止了研究工作。对于这位研究者来说，不能只限于从近期三四年内看他是否发表了研究成果，而应该用更长的时间来审视他的劳作，以便作出全面判断。总之，继承和创新的问题，在人文学术研究中有必要重新引起人们的关注。

还要谈到大学人文教育中基础训练与创新的关系。在人文教育中，关于语言学的教学应占有重要的位置，对大学人文学院的本科生来说，有一起码的要求，即对本国语言和某种外国语言应具有良好的坚实的基础。我想，这个要求并不高。但是，现在具备这个条件的大学人文学科本科毕业生可能不太多。这就说明大学人文教育在语言方面的训练还要下很大的功夫。这个基础打好了,将来就为学术上的创新准备了必要条件。以上只是举例,当然人文学科的基础训练并不限于语言学这个领域,还有其他的重要方面。

大学人文教育的发展主要应看本科办得如何,也就是本科教学的质量如何,其学科的基础训练如何。对人文学科的本科生似应提出这样的要求:在继承优良人文学术传统中提高自身的鉴别能力;在打好学科基础的严格训练中培养自身的创新精神。还要提到,在高教界,不能不问学校性质和类别,只是追求发展研究生的数量,因为研究性大学毕竟是少数,不可能覆盖高教的全体。大学培养本科生并提高其质量,是各类大学最主要的教育任务。

## 六、大学教师人文素养的提高

在我国,就目前的情况看,大学的书记、校长大多数是理科和工科方面的专家,而人文学者寥寥无几。我估计,到 21 世纪中叶,这个情况将会发生重大变化。不过,这在目前并非是重要问题。现在需要人们关注的是:如何提高大学教师和管理专家的人文素养问题。即使是专门研究人文学科的教师也需要关注在专业内如何精益求精,以及如何将人文知识内化为人文素质的问题。

这样一个教育的历史现象颇令人寻味:我国老一辈自然科学家,包含已经谢世和至今仍然健在的已逾古稀之年的科学家,一般地说,他们在科技的本行方面有很高的造诣,同时也有较深的人文素养。有些大科学家依靠这两支拐杖,登上了科学的高峰,出现了令人振奋和难忘的景象。这说明,人文素养对科学家是不可缺少的。我觉得,研究这些科学家内在的人文素养和科学素养的相互关系,是提高大学教师人文素养的有效方法之一。这里我想以杨振宁教授的几篇文章为例作些分析说明。

杨振宁有一篇文章《美与物理学》①。一开始，杨振宁教授便写下了这段引人入胜的话：

“狄拉克是20世纪一位大物理学家。关于他的故事很多。譬如，有一次，狄拉克在普林斯顿大学演讲。演讲完毕，一位听众站起来说：‘我有一个问题请回答：我不懂怎么可以从公式(2)推导出公式(5)。’狄拉克不答。主持者说：‘狄克拉教授，请回答他的问题。’狄拉克说：‘他并没有问问题，只说了一句话。’”

这个故事所以流传极广，是因为它确实描述了狄拉克(P. Dirac，1902—1984)的一个特点：“话不多，而其内涵有简单、直接、原始的逻辑性。一旦抓住了他的独特的、别人想不到的逻辑，他的文章读起来便很通顺，就像‘秋水文章不染尘’，没有任何渣滓，直达深处，直达宇宙的奥秘。”

研究物理学的朋友都知道，狄拉克在1928年写下了狄拉克方程，杨振宁称之为“划时代的里程碑：它对原子结构及分子结构都给予了新的层面和新的极准确的了解。没有这个方程，就没有今天的原子、分子物理学与化学。没有狄拉克引进的观念就不会有今天医院里的核磁共振成像(MRI)技术，不过此项技术实在只是狄拉克的一项极小的应用”。

杨振宁不但介绍狄拉克在物理学上的贡献，而且研究他文章的独特风格，也就是发掘他的物理论文的“美”。这需要有高深的人文修养。杨振宁教授是这样将“美”与物理联系起来加以论述的。他说：“我曾想把他的文章的风格写下来给我的文、史、艺术方面的朋友

① 《杨振宁文集》，第841—853页，华东师范大学出版社，1998年版。这是杨先生于1997年1月27日在香港中华科学与社会协进会和中文大学主办的演讲会上的演讲词。讲题是《科学工作有没有风格?》，现在的题目，是杨先生后改的。

看，始终不知如何下笔。去年偶然在香港《大公报·大公园》一栏上看到一篇文章，其中引了高适（700—765）《答侯少府》中的诗句：‘性灵出万象，风骨超常伦。’[①]我非常高兴，觉得用这两句诗来描述狄拉克方程和反粒子理论是最好不过了，一方面狄拉克方程确实包罗万象，而用‘出’字描述狄拉克灵感尤为传神。另一方面，他于1928年以后四年间不顾玻尔（N. Bohr，1885—1962）、海森堡、泡利等当时的大物理学家的冷嘲热讽，始终坚持他的理论，最后得到全胜，正合‘风骨超常伦’。”

在杨振宁看来，在物理学理论架构、物理学公式，以及物理学家对于自然奥妙探索的精神等充满着“美”。杨教授说，“美”可用波普（A. Pope，1688—1744）的名句来表达：

“自然与自然规律为黑暗隐蔽：

上帝说，让牛顿来！一切即致光明。”

杨振宁的《美与物理学》是科学与人文有机结构的范文。与其说它是对物理学的歌颂，毋宁说是对物理学家精神世界的赞美，给人以探求真理的力量。至于物理学微观世界的美在哪里？杨振宁的另一篇文章《对称和物理学》[②]作了引人入胜的叙述。

在杨振宁看来，物理学的“美”不仅体现在物理学的公式、理论架构中，在物理学家的精神世界中表现得尤为明显。这就必须提到他的另一篇充满激情的短文：《邓稼先》[③]。邓稼先同志是我国原子弹、氢弹设计和制造的领导人，对他，杨振宁教授这样写道：“邓稼先则是

① 《答侯少府》，见刘开杨著：《高适诗集编年笺注》，中华书局1981年版，第223页。此诗约写于唐玄宗天宝十年，高适北使，与侯少府（名不详）相逢，感其相待诚挚，赞其佳作有性灵，风骨超常辈，才学如王粲，至公如郄诜，深得群贤推崇。

② 《杨振宁文集》，第687—740页。

③ 《杨振宁文集》，第797—804页。

一个最不引人注目的人物。和他谈话几分钟就看出，他是忠厚平实的人。他真诚坦白，从不骄人。他没有小心眼儿，一生喜欢‘纯’字所代表的品格。在我所认识的知识分子当中，包括中国人和外国人，他是最有中国农民的朴实气质的人。”又说：“邓稼先是中国几千年传统文化孕育出来有最高奉献精神的儿子，邓稼先是中国共产党的理想党员。”邓稼先同志的人格美、精神美，不仅来自科学训练，而且凝聚着中国优秀传统文化的精粹。邓稼先同志的身上体现着人文与科学的统一。

我还想提到李政道教授的一篇文章《科学和艺术》，也是从狄拉克开始的：“狄拉克有一次对奥本海默说：‘我听说你也是一位诗人。’奥本海默说：‘是的。’狄拉克说：‘这很奇怪。诗人描述的感情是每个人内在所有的，也都能理解的，但是他所叙述的方式是从未有人用过的；在物理学中则正相反，我们用的是和其他人同样的语言，但表达的是以前任何人都不知道的知识。你怎么能同时成为两者呢？’”其实这在科学史中不乏先例，思想感情的两种不同表述往往集中在一个科学家的身上，这就使得他更加具有魅力。在经过论证以后，李政道在这篇文章的结尾这样说：“我想，现在大家可以相信科学和艺术是不能分裂的。……艺术和科学事实上是一个硬币的两面。它们源于人类活动最高尚的部分，都追求深刻性、普遍性、永恒性和富有意义。”[①]诗歌与物理学有成果表现形式的不同，研究领域也有异有同。“同”就是研究世界的普遍性和统一性。在这里，感情与理性得到高度的统一，也就是人文与科学的统一和协调发展。

以上事例促使我们思考：为什么在我国，除了老一辈自然科学家以外，长期以来，一般都将科学与人文分割开来呢？这很值得教育家

① 见张劲夫主编：《海外学者论中国》，第126页，华夏出版社1994年版。

们去思考。教育家和科学家之所以需要有深厚的人文素养，主要不是从知识水平出发，而是从人格塑造着眼，应当在做人方面树立良好的榜样。我举以上例子是想说明，提高教师的人文素养，最好从自己的专业出发，读一些由著名科学家写成的人文与科学精神紧密结合的文章，作为向导，深入思考。

我没有机会在青年教师中作以上试验，提不出数据，但我在学生中有一点调查研究。1999 年 5 月份我给清华大学物理系基础科学班开设了一门“中国哲学精神”的讲座课程，只讲 10 个小时，记学分。所谓“基础科学班”，是选择理科成绩优秀的学生，经过培养与教育，希望他们将来成为物理学基础研究的优秀人才。我在这门课所指定的必读文章中就有上面提到的杨振宁教授的三篇文章，还加上他的《近代科学进入中国的回顾与前瞻》[①]一文。课程结束，学生们写了简短的读书笔记，现在不妨从中摘出几条来看。一位学生这样写道：“科学中蕴含着美。简单的方程与简单的定理支撑起了科学的高楼大厦。……《老子》书中，一个‘道’字，简单得不能再简单，但其中却包含了宇宙的本原、宇宙的生成、人生的哲理。复杂的世间万象，最终都要归结到一个——‘道’。这个‘道’与牛顿定律、麦克斯韦方程和爱因斯坦的质能方程有异曲同工之妙。……”还有一位学生这样写道：“……我认为不仅科学结果是美妙无比，科研工作者对真理的探知行为本身也是一种美；成功是美，失败也是美；一帆风顺是美，百折千回也是美；喜悦是美，悲哀也是美。……作为学生，作为一名将来要搞基础研究的学生，我应当‘单纯’，能面对周围种种诱惑，同时我又要‘复杂’，多读书，多接触不同类型的文化，感受不同的文化内容，才能有助于我达到科学的高峰。”一位学生这样说：“我以为，发现

---

① 《杨振宁文集》，第 782—796 页。

美、感受美，固然重要，而挖掘美的源泉不是更加重要吗？物理学说，物理学是美的；数学家说，数学是美的。我不知道生物学家是否说过美的话，但只要看看 DNA 分子那奇妙的双螺旋结构，你能说它不美吗？然而，这美究竟源于何方？……如果你想想美的源泉，你很快便会发现一个有趣的问题：为什么抽象的公式比其他东西能包容更多的更深层的美？我应当有勇气去追求更深层次的'美'！"学生们的这些意见虽然多是朴素的，但它们都是宝贵的起点，这正如杨振宁教授所说，感情与风格之于科学研究，就像它们对文学、艺术和音乐一样至关重要。因此，大学生需要有人文素养教育，而人文素养与专业研究是相通的，前者是精神支柱、追求真理的动力，后者则是对自然奥秘的实践，二者相得益彰。教师更加需要这二者。如果说，引导大学生读一些有深刻思想的好文章，经过反思，能达到提高其科学与人文素养的目的，那么，可以有充分把握地说，青年教师采取这样的方式，其收效肯定会比大学生要快得多。总之，在教学中如何将素质教育与专业教育有机地统一起来，这是我们遇到的新问题，需要通过教学实践逐步积累经验。

## 七、结束语

根据上面的论述，我所理解的人文教育观大体上可以归纳为以下的内容：

我国的高等教育应是人文精神和科学精神的高度结合统一，这是由培养优秀综合素质人才的目标所决定的，以此作为提高全民素质的中坚，这样我们的民族和国家在实现现代化的伟大事业中才有保证。

为此，在大学从事自然科学和管理科学的教育工作者需要在人文素养方面充实起来；对于从事人文和社会科学教学和研究的教师，不但需要提高自己的人文素养，而且应通过适当的方式加强对科学技术的认识。学无止境，在今天，胜任的大学教师必须同时是不知疲倦的学习者。

我深信：日益发展的尖端科学技术，以及由此推动的社会生产力，即经济生活的进步，无一不是“人”所创造，而最后必须是为“人”服务的。因此，研究“人”自身的学问即人文学科，以及由此引导人实现自身价值和理想、即所谓“人文精神”，亦可视为科学技术和经济生活的根本。以“人”为本，在社会生活中对“人”的尊重，对人的价值的正确认识，以及实现现实生活的平等和公正原则，就成为伦理观、法律观需要继续努力解决的核心问题。这些被视为社会生活的根本，即人文精神，我将它譬喻为春草，由此生长出茂密的树林，这是符合事物生长法则的。

（原载《高等教育研究》2000 年第 6 期，
标题是《关于教育人文观的思索》）

## / 关于教育改革的几点思考 /

一

教育需要改革。如何改革？在笔者看来，已有的关于改革的正确倡议，应当督促使之真正落实。九年义务教育的国家规定，是否都已真正落实？如果不重视九年义务教育，国民整体素质如何提高？

今天需要有专门家来研究九年义务教育问题，不要以为这方面没有什么问题。与其奢谈教育的大道理，毋宁在事关民智开发的基础问题上多下些功夫，进行实事求是的调查研究，使问题得到真正解决。我衷心希望：在我们国家多出一些对义务教育关心并为之解决实际问题的省长、市长、县长、镇长和乡长等。农村孩子的稚嫩心灵需要有科学泉水的滋润，从百年大计的角度来看祖国的教育问题，第一位应当是义务教育，而不是几所一流大学的问题。要知道，我国是拥有 13 亿人口的大国啊。

二

从《南方周末》上看到关于北京大学教育改革的报导，题目是：《北大激进变革》(2003 年 7 月 10 日)，副题是“一次把竞争和淘汰法则引入象牙塔的变革，一次为中国大学找寻新路的尝试”。这是颇为吸引人的。仔细阅读以后，颇觉失望，觉得题目大，内容少，好像只顾到新闻效应，而忽略了教育内在规律的探索。

奇怪，在我们国家，大学不知从什么时候起，被人们称之为“象牙塔”。新中国建立后，有一些政治运动是直接从大学开始的，而在改革开放的新历史时期，大学以“改革”为名的新措施也出台了不少，结果，至今大学仍被媒体称之为“象牙塔”，好像不食人间烟火似的，在我看来，这不大符合实际。

我并不认为今日大学是什么“象牙塔”，同时我觉得大学应当有她自身的特点，她和行政机关、交易市场、工厂、矿山等等都不同，她是培养人才的场所，是研究和传播人文精神和科学精神的地方，是产生学术大师、专家和优秀领导人的学宫。如果是这样，说她是“象牙塔”亦未尝不可。如果在大学里体会不到大学的理念，体会不到科学和文化的力量，那就不成其为大学。今天不应当再用“象牙塔”之类的话来嘲讽大学，而应当鼓励大学在人才培养和科学创造上更加显示出自己的特色来。

我不想评论北大的“激进变革”，在我看来，她的具体改革内容似乎并没有抓住当前大学特别是国内一流大学存在的真正问题，把次要问题当作关键问题，给人以隔靴搔痒之感。

什么是关键问题？我以为是学术成果评估体系问题。在这方面需要进行彻底的改革。举例来说，在大学里，关于职称的评审工作如果还是照目前这个模式进行，再好的改革方案也是难以落实的。职称评审、学术成果评估、博士点评审、重点学科评审等等，其中值得探讨之处颇为不少。如果这些问题不解决，首先抓副教授升教授问题，以为这样就将竞争机制引进到大学教育，那可能是把问题简单化了。

有不少专家已经指出，现在中国高等教育存在着“扭曲的评价机制”,在此的背后,“实际上有泛行政化的阴影”,“与行政化相联系,是学术官场化的问题”。话说得有些重,但这些问题均已触及高等教育的深层次改革问题。当然,解决这些问题并非哪一个大学所能胜任,是需要教育行政机关带头自觉地进行改革,积以时日,才能收效的。笔者在此想提及,关于上述“扭曲的评价机制”、“行政化的阴影”、“学术官场化”问题,近年来在媒体上颇不少见这方面的议论,而且列举了不少具体事例,可惜尚未引起众多人的注意。如果竞争机制缺少一个公正、合理、科学的评价体系作为依托,那么,这个竞争机制能否有效运行?我觉得北大改革方案中对此核心问题缺少应有的论证,令人遗憾。

## 三

不能忽略教育质量问题。这个问题没有过时,而且越来越值得关注。

由于博士点的大量增设,这就提出了博士导师的质量问题。又由于硕士生、博士生招收人数的大量增加,又提出这方面的生源问题。还有就是前几年留下的学校“升格”问题,其余波至今仍在冲击着教育质量。

教育是百年大计,是关于人的塑造,特别是内心和智能的塑造和提高,这和具体建设工程不同。一幢大楼、一座大桥,可望在比较短的时间内完成,而且是有具体形象可见的。对于人的智能开发,并不是一件简单的事,具有它自身的许多特点,是要教育工作者付出很大精力的。

现在的问题恰恰是,用有形的东西来代替教育的内在特质,在有些方面使教师们不能沉下心来做教育人的细致工作,干扰很多。对今日我国的高等教育和基础教育来说，并不是上级领导机关布置的工作太少，而是太繁太多，有时使教师难以安定地坐下来备课。不能说教育上没有"形象工程"，不能说教育上没有"浮夸"，不能说教育上没有"过多的填写表格"的活动。提高教育质量，学校领导要有时间深入教育实践；教师要有时间深入教学、科研实践。如果没有充分时间用在"正业"上，那么，教育质量的提高可能只是一句不能兑现的空话。这些并非空穴来风，而是有现实调查作为立论的依据的。总之，学校应当像学校，这和市场、和交通运输不是一回事，学校应当宁静，使师生们有比较充裕的时间在教与学上取得良好的成绩。

（原载《华夏文化》2003 年第 3 期）

## / 编后记 /

张岂之先生自上个世纪80年代(1986年)开始带博士生,至今已有30年。

张先生和博士生们都有过书信来往,有同志建议将这些书函收集起来,编印成册。我们只是收集到一部分,从其中可以清晰地感受到张先生的所思所想;这是张先生与他指导的博士生最好的思想感情纽带。根据张先生建议,先在内部印出,发挥一些交流作用。2007年曾经在陕西人民出版社出版,名《张岂之教授与研究生论学书信选》,形式新颖,大方得体,雅俗共赏,受到朋友们的欢迎。陕西省教育厅学位管理与研究生教育处(陕西省学位委员会办公室)曾经将其作为省内部分高校新任博士、硕士研究生导师的参考读物,重印若干本。后多位毕业生愿意拿出自己珍藏的张先生书信,丰富和充实该书,经过筛选斟酌,作了一些补充调整,以方便读者阅读。

作为《宋明理学史》的重要参与人和主编之一,张先生和邱汉生、黄宣民等先生有很多书信往来,让人真实地感受到改革开放初知识分子的思想面貌和敬业精神,他们共同钻研学术问题、编辑著作,能够给后来者很多启发。征得张先生同意后,一并编选,供读者参考。

当然,张先生的书信数量比较多,涉及内容也比较广泛,特别值得提及的是张先生曾给不少本科生回信,但未保存副本。给博硕士研究生、国内外学者、行政部门领导、友人等的信件,在征集过程中,未必能及时得到反馈，有些也不便刊登。因此，这里收集到的只是随顺机缘，虽近一百五十封，但也仅是冰山一角罢了。

在提高研究生培养质量的今日，读了张先生的这些信件，人们会有一种亲切感。这本册子得以重新印刷，与出版社领导、编辑的大力支持与辛勤工作分不开。同时，陕西省地方志办公室的张世民先生、西北政法大学的田正利教授等对此书关爱有加，令人感动。河北经贸大学的武占江教授，精心提供了张先生的六封书信，而且附有自己的感想和心得，均以按语表明，体现了师生交流的情谊。天津市工会管理干部学院陈寒鸣教授、河北师范大学杜运辉教授提供了一些书信稿件和搜集线索。西北大学中国思想文化研究所李友广副教授，在本次增订版中协助录入三封书信。谨在此一并表示衷心的感谢。

《张岂之教授论学书信选》全稿请张岂之先生看过多次，他亲自作了修改，并就全书的整理和编辑提出了建议和意见。现在此书公开出版，是得到张先生首肯的。

陈战峰　夏绍熙

2016 年 7 月中旬

于西北大学中国思想文化研究所